读有所得

学史增信

专辑

中共湖南省委宣传部指导
《读有所得》编辑部编

湖南文艺出版社
HUNAN LITERATURE AND ART PUBLISHING HOUSE

中国共产党立志于中华民族千秋伟业，百年恰是风华正茂！回首过去，展望未来，有中国共产党的坚强领导，有全国各族人民的紧密团结，全面建成社会主义现代化强国的目标一定能够实现，中华民族伟大复兴的中国梦一定能够实现！

——2021 年 7 月 1 日习近平总书记在庆祝中国共产党成立 100 周年大会上的重要讲话

学史增信，就是要增强信仰、信念、信心，这是我们战胜一切强敌、克服一切困难、夺取一切胜利的强大精神力量。

——2021 年 4 月 25 日至 27 日习近平总书记在广西考察时的重要讲话

前言

百年征程浩荡，百年初心如磐。站在“两个一百年”的历史交汇点上，回望过往的奋斗路，眺望前方的奋进路，党史是教科书，也是营养剂。我们必须把党的历史学习好、总结好，把党的宝贵经验传承好、发扬好，用党的伟大成就激励人，用党的优良传统教育人，用党的成功经验启迪人，用党的历史教训警示人，从党的辉煌历史中认清历史方位，探究历史规律，把握历史大势，激发历史担当，更好地走好新时代的长征路。

为深入贯彻落实党中央和省委关于开展党史学习教育的决策部署要求，扎实开展党史学习教育，引导广大党员干部和群众读经典、学党史，在省委党史学习教育领导小组办公室、省委宣传部的指导下，《读有所得》编辑部推出系列专辑，和读者朋友一起学史明理、学史增信、学史崇德、学史力行，从党的光辉历程中汲取砥砺奋进的精神力量。

目录

读有所得

共产党宣言

★［德］马克思 ［德］恩格斯

一个幽灵，共产主义的幽灵，在欧洲游荡。为了对这个幽灵进行神圣的围剿，旧欧洲的一切势力，教皇和沙皇、梅特涅和基佐、法国的激进派和德国的警察，都联合起来了。

有哪一个反对党不被它的当政的敌人骂为共产党呢？又有哪一个反对党不拿共产主义这个罪名去回敬更进步的反对党人和自己的反动敌人呢？

从这一事实中可以得出两个结论：

共产主义已经被欧洲的一切势力公认为一种势力；现在是共产党人向全世界公开说明自己的观点、自己的目的、自己的意图并且拿党自己的宣言来反驳关于共产主义幽灵的神话的时候了。

…………

至今一切社会的历史都是阶级斗争的历史。

自由民和奴隶、贵族和平民、领主和农奴、行会师傅和帮工，一句话，压迫者和被压迫者，始终处于相互对立的地位，进行不断的、有时隐蔽有时公开的斗争，而每一次斗争的结局都是整个社会受到革命改造或者斗争的各阶级同归于尽。

在过去的各个历史时代，我们几乎到处都可以看到社会完全划分为各个不同的等级，看到社会地位分成多种多样的层次。在古罗马，有贵族、骑士、平民、奴隶，在中世纪，有封建主、臣仆、行会师傅、帮工、农奴，而且几乎在每一个阶级内部又有一些特殊的阶层。

从封建社会的灭亡中产生出来的现代资产阶级社会并没有消灭阶级对立。它只是用新的阶级、新的压迫条件、新的斗争形式代替了旧的。

但是，我们的时代，资产阶级时代，却有一个特点：它使阶级对立简单化了。整个社会日益分裂为两大敌对的阵营，分裂为两大相互直接对立的阶级：资产阶级和无产阶级。

…………

资产阶级在历史上曾经起过非常革命的作用。

资产阶级在它已经取得了统治的地方把一切封建的、宗法的和田园诗般的关系都破坏了。它无情地斩断了把人们束缚于天然尊长的形形色色的封建羁绊，它使人和人之间除了赤裸裸的利害关系，除了冷酷无情的“现金交易”，就再也没有任何别的联系了。它把宗教虔诚、骑士热忱、小市民伤感这些情感的神圣发作，淹没在利己主义打算的冰水之中。它把人的尊严变成了交换价值，用一种没有良心的贸易自由代替了无数特许的和自力挣得的自由。总而言之，它用公开的、无耻的、直接的、露骨的剥削代替了由宗教幻想和政治幻想掩盖着的剥削。

资产阶级抹去了一切向来受人尊崇和令人敬畏的职业的神圣光环。它把医生、律师、教士、诗人和学者变成了它出钱招雇的雇佣劳动者。

资产阶级撕下了罩在家庭关系上的温情脉脉的面纱，把这种关系变成了纯粹的金钱关系。

…………

物质的生产是如此，精神的生产也是如此。各民族的精神产品成了公共的财产。民族的片面性和局限性日益成为不可能，于是由许多种民族的和地方的文学形成了一种世界的文学。

资产阶级，由于一切生产工具的迅速改进，由于交通的极其便利，把一切民族甚至最野蛮的民族都卷到文明中来了。

…………

资产阶级在它的不到一百年的阶级统治中所创造的生产力，比过去一切世代创造的全部生产力还要多，还要大。自然力的征服，机器的采用，化学在工业和农业中的应用，轮船的行驶，铁路的通行，电报的使用，整个整个大陆的开垦，河川的通航，仿佛用法术从地下呼唤出来的大量人口——过去哪一个世纪料想到在社会劳动里蕴藏有这样的生产力呢？

…………

现在，我们眼前又进行着类似的运动。资产阶级的生产关系和交换关系，资产阶级的所有制关系，这个曾经仿佛用法术创造了如此庞大的生产资料和交换手段的现代资产阶级社会，现在像一个魔法师一样不能再支配自己用法术呼唤出来的魔鬼了。

…………

资产阶级用来推翻封建制度的武器，现在却对准资产阶级自己了。

但是，资产阶级不仅锻造了置自身于死地的武器；它还产生了将要运用这种武器的人——现代的工人，即无产者。

…………

无产阶级经历了各个不同的发展阶段。它反对资产阶级的斗争是和它的存在同时开始的。

…………

过去一切阶级在争得统治之后，总是使整个社会服从于它们发财致富的条件，企图以此来巩固它们已经获得的生活地位。无产者只有废除自己的现存的占有方式，从而废除全部现存的占有方式，才能取得社会生产力。无产者没有什么自己的东西必须加以保护，他们必须摧毁至今保护和保障私有财产的一切。

过去的一切运动都是少数人的或者为少数人谋利益的运动。无产阶级的运动是绝大多数人的、为绝大多数人谋利益的独立的运动。无产阶级，现今社会的最下层，如果不炸毁构成官方社会的整个上层，就不能抬起头来，挺起胸来。

…………

资产阶级生存和统治的根本条件，是财富在私人手里的积累，是资本的形成和增殖；资本的条件是雇佣劳动。雇佣劳动完全是建立在工人的自相竞争之上的。资产阶级无意中造成而又无力抵抗的工业进步，使工人通过结社而达到的革命联合代替了他们由于竞争而造成的分散状态。于是，随着大工业的发展，资产阶级赖以生产和占有产品的基础本身也就从它的脚下被挖掉了。它首先生产的是它自身的掘墓人。资产阶级的灭亡和无产阶级的胜利是同样不可避免的。

（文章有删节，选自《共产党宣言》，人民出版社，2015 年 1 月）

做坚定的马克思主义信仰者

陈先达

有人问我：马克思主义是科学学说还是信仰？马克思主义当然是科学学说，但对以马克思主义为指导的共产党来说，对马克思主义者和一切反对资本主义制度的革命者来说，马克思主义学说可以成为一种信仰。这里所说的信仰，就是行为原则、理想追求、价值目标。

马克思主义是科学学说，它是以事实为依据，以规律为对象，以实践为检验标准的学说。事实、规律、实践，是任何一门科学的本质要素。不以事实为依据、不研究规律、不以实践为检验标准的所谓“学说”，不能称为科学。马克思主义是科学学说，马克思和恩格斯创立马克思主义依据的就是事实。马克思主义政治经济学依据的是资本主义社会的经济事实，马克思主义哲学是对自然科学和社会科学的总结，尤其是十九世纪上半叶自然科学和社会科学研究提供的科学成果；至于科学社会主义不同于空想社会主义的地方，正在于它是立足于资本主义社会现实的。马克思主义基本原理，包括哲学原理、政治经济学原理、科学社会主义原理，都是以事实为依据，以规律为对象，经过实践检验和仍然经得起实践检验的具有规律性的认识。当然，它不可能详尽无遗地包括马克思和恩格斯的全部思想。我们还在不断地根据新的时代，新的事实进行研究。基本原理可以丰富、运用和发展，但不能推翻。当代中国马克思主义在哲学、政治经济学和社会主义学说的发展，其事实依据就是我国国情和我国发展的实践，成果就是对中国特色社会主义规律的新的概括和新总结，而标准仍然是实践。事实依据、规律概括、实践标准，是马克思主义作为科学学说始终如一的要素。

马克思主义学说是科学，绝不是说马克思主义揭示的规律可以没有人的参与而自动起作用。相反它必须有这种学说的信仰者为之奋斗，为之实践，马克思主义学说的理想才有可能实现。正如普列汉诺夫说的，月食是客观规律，没有人为阻止月食或促进月食而组织月食党，但为实现无产阶级革命必须组织革命党。由学说进到行动，由理论进到实践，必然进入到对马克思主义科学学说的信仰维度。一个不为马克思主义理想而奋斗，不为社会主义和共产主义理想而奋斗的共产党，只是徒有其名的“共产党”；一个不为马克思主义理想而奋斗的人，最多可成为马克思主义的研究者，而不是信仰者；可成为学者，而不是马克思主义者。

马克思主义作为科学和作为信仰有区别吗？当然有。科学是共有的、普遍的，而信仰是个人的。马克思主义作为共产党的信仰，其中就包括每个共产党员个人的共同信仰。马克思主义所揭示的规律，对所有的人都适用。资产者们可以不喜欢劳动价值论，不喜欢剩余价值学说，不喜欢阶级和阶级斗争学说，不喜欢社会主义最终会取代资本主义社会的学说，总之，他们可以不喜欢马克思主义学说，反对或禁止马克思主义的传播，可是马克思主义揭示的规律照样存在。中世纪不会因为神学家们的反对，地球就不再围绕太阳旋转。马克思主义揭示的基本规律也不以人们的意志为转移，个人好恶取舍无碍于它的存在。“不为尧存，不为桀亡”，用在此处，十分贴切。

信仰则不同。马克思主义只有对共产党人，对马克思主义者，对一切拥护马克思主义的人来说，它才是信仰。对于一切反对马克思主义的政党或学者，它就不具有信仰的性质，而是反对的对象，被视为歪理邪说。任何信仰都是信仰者的信仰，而不能成为不信仰者的信仰。作为一种信仰，可以有马克思主义的信仰者，也会有马克思主义的反对者。即使在马克思主义队伍内部，信仰的坚定性程度也不会完全一样。

对坚定的马克思主义者来说，科学和信仰是统一的。一个马克思主义者的信仰是否坚定，取决于它对马克思主义科学性的态度。越是深入地理解马克思主义的科学性，个人信仰越是坚定。马克思主义的科学性是信仰坚定性的理论基础，而信仰坚定性是马克思主义学说科学性的内化，化为内心的坚定的信念和情感："砍头不要紧，只要主义真。杀了夏明翰，还有后来人。"科学理论动摇，信仰就会随之倒塌。这就是为什么恩格斯要求追随者们要把社会主义作为科学来研究的原因。

（标题为编者所拟，原题《做坚定的马克思主义理论工作者》，文章有删节，选自《光明日报》2016年3月2日）

信仰的味道

1920年的春夜，浙江义乌分水塘村一间久未修葺的柴屋。两张长凳架起一块木板，既是床铺，又是书桌。桌前，有一个人在奋笔疾书。

母亲在屋外喊："红糖够不够，要不要我再给你添些？"儿子应声答道："够甜，够甜的了！"谁知，当母亲进来收拾碗筷时，却发现儿子的嘴里满是墨汁，红糖却一点儿也没动。原来，儿子竟然是蘸着墨汁吃掉粽子的！

他叫陈望道，他翻译的册子叫《共产党宣言》。

墨汁为什么那样甜？原来，信仰也是有味道的，甚至比红糖更甜。正因为这种无以言喻的精神之甘、信仰之甜，无数的革命先辈，才情愿吃百般苦、甘心受千般难。

信仰是朴素的。宋庆龄在写给美国同学的信中说："孙中山好几次告诉我说……他下了决心，认为中国农民的生活不该长此困苦下去。中国的儿童应该有鞋穿，有米饭吃。就为这个理想，他献出了他四十年的生命。"

信仰是无私的。1930 年 8 月 27 日，临刑前的几分钟，共产党员裘古怀有感于"每一个同志在就义时都没有任何一点惧怕，他们差不多都是像完成工作一样跨出牢笼的"，匆匆写下《给中国共产党和同志们的遗书》，饱含深情地用"满意"和"遗憾"四个字诠释自己对信仰的理解："我满意为真理而死！遗憾的是自己过去的工作做得太少，想补救已经来不及了。"

历史证明，谁守住了这份朴素和无私，谁就能获得人民最可靠、最永久的支持。历史和人民为什么最终选择了中国共产党？那是因为"共产党、红军信仰他的主义，甚至于每一个兵，完全是一个思想"。

91 年过去了，嘉兴南湖的红船依旧，而党的实力、中国的面貌早已发生了巨大的变化。那时，我们的党员不过几十人，如今则是拥有八千万党员的大党；那时，我们党哪有什么家当，连开会的路费都是想方设法筹来的。如今，单从经济总量来看，中国已经跃居世界第二。

“我们错了！”美国《时代》周刊这句迟来的道歉，也许可以看作对中国共产党执政业绩的生动旁注。香港回归前夕，其姊妹杂志《财富》曾作出《香港之死》的错误预判。然而，谁也不得不承认，香港不仅“舞照跳，马照跑”，而且比回归之前“更繁荣”。

从《财富》杂志的悲观断言，回溯到毛泽东当年带领党中央进京时的“赶考”之说，几十年来，我们党可谓大考不断，小考不停！面对一场场严峻的考试，中国共产党不仅没有被考倒，反而无数次考出了让世界惊叹和震撼的好成绩，让“中国崩溃论”一次次崩溃。世界看到的是一个更加繁荣富强的中国，一个更加充满生机活力的中国共产党。

若论今昔生活对比，相信许多党员同志都会由衷地说：“够甜，够甜的了！”然而，越是在日子够甜的时候，每一名共产党员越要自觉保持纯洁性和先进性，越要深味服务人民的精神之甘，复兴民族的信仰之甜。

恽代英在文中写道：“我们吃尽苦中苦，而我们的后一代则可享到福中福。为了我们崇高的理想，我们是舍得付出代价的。”

墨汁为什么那样甜？这种信仰的味道，只有真正的共产党人才能品味得到。

（作者伍正华，选自《新湘评论》2013 年第 1 期）

星星之火，可以燎原

★ 毛泽东

在对于时局的估量和伴随而来的我们的行动问题上，我们党内有一部分同志还缺少正确的认识。他们虽然相信革命高潮不可避免地要到来，却不相信革命高潮有迅速到来的可能。因此他们不赞成争取江西的计划，而只赞成在福建、广东、江西之间的三个边界区域的流动游击，同时也没有在游击区域建立红色政权的深刻的观念，因此也就没有用这种红色政权的巩固和扩大去促进全国革命高潮的深刻的观念。他们似乎认为在距离革命高潮尚远的时期做这种建立政权的艰苦工作为徒劳，而希望用比较轻便的流动游击方式去扩大政治影响，等到全国各地争取群众的工作做好了，或做到某个地步了，然后再来一个全国武装起义，那时把红军的力量加上去，就成为全国范围的大革命。他们这种全国范围的、包括一切地方的、先争取群众后建立政权的理论，是于中国革命的实情不适合的。他们的这种理论的来源，主要是没有把中国是一个许多帝国主义国家互相争夺的半殖民地这件事认清楚。

如果认清了中国是一个许多帝国主义国家互相争夺的半殖民地，则——

一就会明白全世界何以只有中国有这种统治阶级内部互相长期混战的怪事，而且何以混战一天激烈一天，一天扩大一天，何以始终不能有一个统一的政权。

二就会明白农民问题的严重性，因之，也就会明白农村起义何以有现在这样的全国规模的发展。

三就会明白工农民主政权这个口号的正确。

四就会明白相应于全世界只有中国有统治阶级内部长期混战的一件怪事而产生出来的另一件怪事，即红军和游击队的存在和发展，以及伴随着红军和游击队而来的，成长于四围白色政权中的小块红色区域的存在和发展（中国以外无此怪事）。

五也就会明白红军、游击队和红色区域的建立和发展，是半殖民地中国在无产阶级领导之下的农民斗争的最高形式，和半殖民地农民斗争发展的必然结果；并且无疑义地是促进全国革命高潮的最重要因素。

六也就会明白单纯的流动游击政策，不能完成促进全国革命高潮的任务，而朱德毛泽东式、方志敏式之有根据地的，有计划地建设政权的，深入土地革命的，扩大人民武装的路线是经由乡赤卫队、区赤卫大队、县赤卫总队、地方红军直至正规红军这样一套办法的，政权发展是波浪式地向前扩大的，等等的政策，无疑义地是正确的。

必须这样，才能树立全国革命群众的信仰，如苏联之于全世界然。必须这样，才能给反动统治阶级以甚大的困难，动摇其基础而促进其内部的分解。也必须这样，才能真正地创造红军，成为将来大革命的主要工具。总而言之，必须这样，才能促进革命的高潮。犯着革命急性病的同志们不切当地看大了革命的主观力量，而看小了反革命力量。这种估量，多半是从主观主义出发。其结果，无疑地是要走上盲动主义的道路。

另一方面，如果把革命的主观力量看小了，把反革命力量看大了，这也是一种不切当的估量，又必然要产生另一方面的坏结果。因此，在判断中国政治形势的时候，需要认识下面的这些要点：

（一）现在中国革命的主观力量虽然弱，但是立足于中国落后的脆弱的社会经济组织之上的反动统治阶级的一切组织（政权、武装、党派等）也是弱的。这样就可以解释现在西欧各国的革命的主观力量虽然比现在中国的革命的主观力量也许要强些，但因为它们的反动统治阶级的力量比中国的反动统治阶级的力量更要强大许多倍，所以仍然不能即时爆发革命。现时中国革命的主观力量虽然弱，但是因为反革命力量也是相对地弱的，所以中国革命的走向高潮，一定会比西欧快。

（二）一九二七年革命失败以后，革命的主观力量确实大为削弱了。剩下的一点小小的力量，若仅依据某些现象来看，自然要使同志们（作这样看法的同志们）发生悲观的念头。但若从实质上看，便大大不然。这里用得着中国的一句老话："星星之火，可以燎原。"这就是说，现在虽只有一点小小的力量，但是它的发展会是很快的。它在中国的环境里不仅是具备了发展的可能性，简直是具备了发展的必然性，这在五卅运动及其以后的大革命运动已经得了充分的证明。我们看事情必须要看它的实质，而把它的现象只看作入门的向导，一进了门就要抓住它的实质，这才是可靠的科学的分析方法。

…………

伴随着帝国主义的商品侵略、中国商业资本的剥蚀和政府的赋税加重等项情况，便使地主阶级和农民的矛盾更加深刻化，即地租和高利贷的剥削更加重了，农民则更加仇恨地主。因为外货的压迫、广大工农群众购买力的枯竭和政府赋税的加重，使得国货商人和独立生产者日益走上破产的道路。因为反动政府在粮饷不足的条件之下无限制地增加军队，并因此而使战争一天多于一天，使得士兵群众经常处在困苦的环境之中。因为国家的赋税加重，地主的租息加重和战祸的日广一日，造成了普遍于全国的灾荒和匪祸，使得广大的农民和城市贫民走上求生不得的道路。因为无钱开学，许多在学学生有失学之忧；因为生产落后，许多毕业学生无就业之望。如果我们认识了以上这些矛盾，就知道中国是处在怎样一种皇皇不可终日的局面之下，处在怎样一种混乱状态之下。就知道反帝反军阀反地主的革命高潮，是怎样不可避免，而且是很快会要到来。

一九三〇年一月五日

（文章有删节，选自《毛泽东选集》，人民出版社，1991 年 6 月）

在井冈山感悟信仰的力量

关山远

在井冈山星罗棋布的革命遗址参观，墙上一张张肖像照下是简单的生平介绍，看得越多，心愈发一揪一揪地疼：他们生卒的“卒”，大多是1928、1929、1930、1931……这些在20多岁、30出头就牺牲的烈士，永远凝固在一张张清晰度并不高的黑白照片中，有些人，甚至没有留下一张照片。

他们是一群有着浓重悲剧意味的英雄：他们播种，却不问收获。他们为了胜利而奋斗，却没有等到胜利的时候。他们在无尽的黑暗中高举火把，却在日出东方的前夕，永远闭上了双眼。

死亡，始终是人类的终极恐惧。中国人自古以来，就常说“好死不如赖活”，“蝼蚁尚且贪生，为人何不惜命”，“留得青山在，不怕没柴烧”……80多年前，聚集在井冈山的这群年轻人，是什么让他们不畏惧死亡？又是什么，让他们的生命价值，超越了死亡？

1929 年 5 月 3 日下午，井冈山脚下的莲花县，35 岁的中共莲花县委书记刘仁堪走到了生命的终点。他在刑场不断怒斥敌人、发动群众，敌人暴跳如雷，用匕首割掉刘仁堪的舌头。他浑身是血，无法言语，却用脚指头沾上鲜血，在站立的方桌上，写下了“革命成功万岁”几个大字。

中共党史军史上有许多类似这种壮烈的瞬间，用自己的死，来接近奋斗的目标。

坚信革命能够成功，坚信自己的奋斗有价值，坚信自己的死亡将成为走向胜利的铺路石——这就是革命战争年代中国共产党人能够蔑视死亡、超越死亡的原因。

“我这样做，为的是革命，你以后会明白的。我走的是正路，虽然这条路我走不到头，但最后一定有人走到头！”——这段话，是肖国华在狱中对妹妹所说。肖国华是江西省吉水县人，中共早期妇女解放运动的卓越领导人之一，中共井冈山党组织创始人龙超清的入党介绍人。她家境优越，父亲在江西教育界有超卓地位。她被捕入狱后，家人各方奔走，监狱答应：只要她在自首书签字，就能保释。但她拒绝了，她认为信仰比生命更重要。她被残忍杀害时，年仅 30 岁，孩子还不到 3 岁。

像肖国华这样的出身，为什么会做这样的选择？她

3 岁就由伯父做主定下亲事，6 岁被迫穿耳缠足，在南昌读师范期间，却被逼着辍学提前与半痴呆的富家子弟结婚……她在黑暗中无法呼吸，渴望打破这个旧世界。她信仰共产主义，宁肯死，也不放弃信仰。

当年，汇聚井冈山的，有赤贫的工人农民，也有留学生、大学生、富家儿、官宦子弟……明明知道自己走的是一条无比危险、随时可能丢掉性命的道路，但他们毅然走下去，因为这是一条信仰之路。

1936 年春，28 岁的赣南军区司令员蔡会文在突围中身负重伤，不愿被俘，拼死搏斗，被敌人割断了脖子。

蔡会文是湖南攸县人，蔡家堪称当地首富，但他成了“叛逆”，革命从自家开始，开仓分谷，由此带动了攸县的农民运动。参加秋收起义后，来到井冈山，迅速成长为优秀的红军将领。红军长征后，他留下来坚持战斗，极端困苦的环境下，他与战士谈心，拿自己举例：我是地主出身的知识分子，不搞革命，完全可以过上无忧无虑的生活，在家里搞家业，享清福，可为什么偏偏要钻进深山吃苦？就是因为我相信共产主义，我要为它的实现奋斗终生。现在革命并没有失败，只是处于低潮，我们决不能丧失信心，不能悲观失望，更不能动摇叛变……蔡会文牺牲后，他的忠骨至今都未能找到。

从诞生之日起，中国共产党就不是一个利益集团，而是一个“价值观集团”：有着共同信仰，共同价值观。正因为如此，那么多人，在生与死的关头，在苟且偷生与坚守信仰的抉择中，甘愿为捍卫自己的信仰而放弃宝贵的生命，甘愿成为共产主义的殉道者。

1934 年冬天，时任江西省苏维埃政府裁判部部长的江善忠，在江西兴国县长冈乡一座山崖被敌人团团围住，他打光子弹，拒绝诱降，纵身跳下山崖前，咬破手指在衣襟上写下血书：死到阴间不反水，保护共产党万万年……

信仰为什么会有力量？人生短暂，但信仰能够让人的生命价值，超越死亡化为永恒。

这种力量一旦凝聚，便是不可阻挡的历史洪流。美国著名记者埃德加·斯诺在《红星照耀中国》一书中写道：“冒险、探索、发现、勇气和胆怯、胜利和狂喜、艰难困苦、英勇牺牲、忠心耿耿，这些千千万万青年人的经久不衰的热情，始终如一的希望，令人惊诧的革命乐观情绪，像一把火焰，贯穿着这一切，他们无论在人力面前，或者在大自然面前，上帝面前，死亡面前，都绝不承认失败。”

（文章有删节，选自《新华每日电讯》2018 年 6 月 15 日）

《星星之火，可以燎原》背后的故事

《星星之火，可以燎原》是毛泽东在土地革命战争时期的一篇关于中国革命道路理论的光辉著作，标志着其建立农村革命根据地，以农村包围城市、武装夺取全国政权道路理论的基本确立和形成。因重大历史意义，这篇文章被收入《毛泽东选集》（1952 年版）第一卷。篇首下有这样一段注释："这是毛泽东同志的一篇通信，是为批判当时党内的一种悲观思想而写的。"注释简略笼统，引发了不少人的猜测。随着时间的推移，隐藏在其背后的历史往事逐渐清晰。

1930 年元旦，刚刚在古田会议上再次当选为前委书记的毛泽东，接到了一封特殊的贺年信。写信的是时任红四军第一纵队队长的林彪。这封信，一方面是新年到了，给毛泽东祝贺新年，另一方面是向毛陈述他对中国革命前途的看法。他不但表现出对开展土地革命，在农村建立巩固的革命根据地缺乏信心，甚至反对毛泽东提出的用一年时间争取江西的战略计划，建议大敌当前之际，红军应该分散去打游击，各自寻找出路。字里行间，流露出一股消极悲观的思想情绪。

林彪对中国革命产生悲观情绪并不是偶然的。1928 年 5 月，跟随朱德上井冈山后，林彪眼见敌强我弱，环境艰苦，前途渺茫，心存许多疑虑。他经常说些“天天吃南瓜，能打得天下吗?”“一个井冈山，十个井冈山也是空的”之类的牢骚话。当了第一纵队队长后，他的这种悲观情绪也没有改善，甚至在公开场合也表现出来。革命的低潮，必然会使一部分意志不坚定的人心存迷茫、有所动摇，而身为高级指战员，林彪的这种言行更加重了他们“井冈山红旗到底能打多久”的疑问。

是坚持巩固的根据地，波浪式地向外发展，还是分散出击，打到山外，形同流寇，这是原则问题之争。毛泽东坚持前者，林彪则力主分散出击。1929 年 5 月 18 日，在瑞金召开红四军前委扩大会议，讨论时局和红军的行动计划时，林彪曾忧心忡忡地说：“我根本不同意一年争取江西的计划。”还说："我的主张还是要队伍分散了去打游击，看一个时候，看一个很长的时候，看看有没有希望。"林彪的发言受到毛泽东和陈毅的批评，可他却没有接受批评。红军攻占福建上杭县城后，林彪几次给前委写信，提出要去上海工作或者去苏联学习。1929 年 12 月底古田会议召开，林彪的想法也没有很大改观，于是他借给毛泽东的元旦贺信继续陈述自己的看法。对于林彪的言行，毛泽东最初未予以足够重视，认为他这"是小孩子之见"，没有放在心上。1929 年 6 月白砂会议之后，红四军高层围绕"党指挥枪"的建军原则，争执更加激烈，毛泽东对林的思想变化更无暇顾及。直到古田会议结束，毛泽东重新回到前委书记岗位上，红四军内部问题得到顺利解决，他才有时间和精力重视党内和军内弥漫的悲观情绪。恰好收到林彪的这封元旦来信，毛泽东决定利用这一个极好"机会"，通过党内通信的书面形式，帮助这些同志转变悲观认识，进一步阐明他对中国革命和红军的前途看法。

经过几天的深思熟虑，1930 年 1 月 5 日，毛泽东在古田赖坊村协成店，写下了这封长达 7000 多字的原题为《时局估量和红军行动问题》的回信。

毛泽东回信的开头亲切而自然："新年已经到

来几天了，你的信我还没有回答，一则有些事情忙着，二则也因为我到底写点什么给你呢？有什么好一点的东西可以贡献给你呢？搜索我的枯肠，没有想出一点什么适当的东西来，因此也就拖延着。现在我想得一点东西了，虽然不知道到底与你的情况切合不切合，但我这点材料实是现在斗争中的一个重要问题，即使与你的个别情况不切合，仍是一般紧要的问题，所以我就把它提出来。”继而，毛泽东语重心长地写道：“我从前颇感觉，至今还有些感觉你对于时局的估量是比较的悲观。去年 5 月 18 日晚上瑞金的会议席上，你这个观点最明显。我知道你相信革命高潮不可避免地要到来，但你不相信革命高潮有迅速到来的可能，因此在行动上你不赞成一年争取江西的计划，而只赞成闽粤赣交界三区域的游击；同时在三区域内也没有建立政权的深刻观念，因之也就没有由这种赤色政权的深入与扩大去促进全国革命高潮的深刻的观念。”并指出林彪这一观点的来源“主要在于没有把中国是一个帝国主义最后阶段中互相争夺的半殖民地一件事认识清楚”。

在信中，毛泽东除对悲观思想进行了分析批评外，更多地是深刻阐明了他的关于农村包围城市、武装夺取政权的思想。他还巧妙而又恰到好处地用中国的一句老话“星星之火，可以燎原”来形容当时的革命形势：“中国是全国都布满了干柴，很快就会燃成烈火。革命的力量虽然小，但它的发展是很快的。”

为了勉励林彪及其他一些红军指战员振奋精神，激发革命热情，在信的最后，毛泽东以诗一般的语言描绘了一幅令人鼓舞振奋的前景：“我所说的中国革命高潮快要到来，决不是如有些人所谓‘有到来之可能’那样完全没有行动意义的、可望而不可即的一种空的东西。它是站在海岸遥望海中已经看得见桅杆尖头了的一只航船，它是立于高山之巅远看东方已见光芒四射喷薄欲出的一轮朝日，它是躁动于母腹中的快要成熟了的一个婴儿。”这封回信，言辞恳切，说理明晰，期盼之情溢于言表。由于不仅是批评教育林彪一人，而是为了纠正在红四军党内较长时期内存在的悲观主义思想，所以毛泽东在致信林彪的同时，还要求红四军政治部用钢板刻写油印，发至红四军各大队党支部，以便让更多的红军指战员了解他的思想和意图。

（作者王晓平，文章有删节，选自《共产党员》2018 年第 5 期）

今

★ 李大钊

我以为世间最可宝贵的就是“今”，最易丧失的也是“今”。因为他最容易丧失，所以更觉得他可以宝贵。

为什么“今”最可宝贵呢？最好借哲人耶曼孙所说的话答这个疑问：“尔若爱千古，尔当爱现在。昨日不能唤回来，明天还不确实，尔能确有把握的就是今日。今日一天，当明日两天。”

为什么“今”最易丧失呢？因为宇宙大化，刻刻流转，绝不停留。时间这个东西，也不因为吾人贵他爱他稍稍在人间留恋。试问吾人说“今”，说“现在”，茫茫百千万劫，究竟哪一刹那是吾人的“今”，是吾人的“现在”呢？刚刚说他是“今”是“现在”，他早已风驰电掣的一般，已成“过去”

了。吾人若要糊糊涂涂把他丢掉，岂不可惜？

有的哲学家说，时间但有“过去”与“未来”，并无“现在”。有的又说，“过去”“未来”皆是“现在”。我以为“过去未来皆是现在”的话倒有些道理。因为“现在”就是所有“过去”流入的世界，换句话说，所有“过去”都埋没于“现在”的里边。故一时代的思潮，不是单纯在这个时代所能凭空成立的。不晓得有几多“过去”时代的思潮，差不多可以说是由所有“过去”时代的思潮凑合而成的。

吾人投一石子于时代潮流里面，所激起的波澜声响，都向永远流动传播，不能消灭。屈原的《离骚》，永远使人人感泣。打击林肯头颅的枪声，呼应于永远的时间与空间。一时代的变动，绝不消失，仍遗留于次一时代，这样传演，至于无穷，在世界中有一贯相联的永远性。昨日的事件与今日的事件，合构成数个复杂事件。此数个复杂事件，与明日的数个复杂事件，更合构成数个复杂事件。势力结合势力，问题牵起问题。无限的“过去”都以“现在”为归宿，无限的“未来”都以“现在”为渊源。“过去”“未来”的中间全仗有“现在”以成其连续，以成其永远，以成其无始无终的大实在。一掣现在的铃，无限的过去未来皆遥相呼应。这就是过去未来皆是现在的道理。这就是“今”最可宝贵的道理。

现时有两种不知爱“今”的人：一种是厌“今”的人，一种是乐“今”的人。

厌“今”的人也有两派：一派是对于“现在”一切现象都不满足，因起一种回顾“过去”的感想。他们觉得“今”的总是不好，古的都是好。政治、法律、道德、风俗，全是“今”不如古。此派人唯一的希望在复古。他们的心力全施于复古的运动。一派是对于“现在”一切现象都不满足，与复古的厌“今”派全同，但是他们不想“过去”，但盼“将来”。盼“将来”的结果，往往流于梦想，把许多“现在”可以努力的事业都放弃不做，单是耽溺于虚无缥缈的空玄境界。这两派人都是不能助益进化，并且很阻滞进化的。

乐“今”的人大概是些无志趣无意识的人，是些对于“现在”一切满足的人，觉得所处境遇可以安乐优游，不必再商进取，再为创造。这种人丧失“今”的好处，阻滞进化的潮流，同厌“今”派毫无区别。

原来厌“今”为人类的通性。大凡一境尚未实现以前，觉得此境有无限的佳趣，有无疆的福利。一旦身陷其境，却觉不过尔尔，随即起一种失望的念，厌“今”的心。又如吾人方处一境，觉得无甚可乐；而一旦其境变易，却又觉得其境可恋，其情可思。前者为企望“将来”的动机；后者为反顾“过去”的动机。但是回想“过去”，毫无效用，且空耗努力的时间。若以企望“将来”的动机，而尽“现在”的努力，则厌“今”思想却大足为进化的原动。乐“今”是一种惰性（Inertia），须再进一步，了解“今”所以可爱的道理，全在凭他可以为创造“将来”的努力，决不在得他可以安乐无为。

热心复古的人，开口闭口都是说“现在”的境象若何黑暗，若何卑污，罪恶若何深重，祸患若何剧烈。要晓得“现在”的境象倘若真是这样黑暗，这样卑污，罪恶这样深重，祸患这样剧烈，也都是“过去”所遗留的宿孽，断断不是“现在”造的；全归咎于“现在”，是断断不能受的。要想改变他，但当努力以创造未来，不当努力以回复“过去”。

照这个道理讲起来，大实在的瀑流，永远由无始的实在向无终的实在奔流。吾人的“我”，吾人的生命，也永远合所有生活上的潮流，随着大实在的奔流，以为扩大，以为继续，以为进转，以为发展。故实在即动力，生命即流转。

（文章有删节，原载《新青年》1918年4月15日第4卷第4号）

人格的力量

★ 秦牧

不知年轻的朋友们有没有这样的经验，我可是有的。某些你所景仰的人，一朝你有机会和他接触，亲聆謦欬，以至短期共处的话，其中，有些人使你感到更亲切，更可敬了。但是，另有一些人，却是“可远观不可近睹”，他们可能也有学问，也有功绩，但是你一接触，却感到远不是你原来想象的那么一个样儿，你的尊敬景仰之情立刻降低了，甚至顿然消失了。

前一种人，大抵是表里如一，平等待人，处处为人民、为集体、为他人着想，谦逊坦诚正真敢言的；后一种人，则大抵是讲的是一套，做的又是一套，飞扬跋扈，顾盼自豪，处处突出一个“我”字，贪婪自私，视他人、视集体如无物。你别以为后一种人就一定没有学问，就一定没有成绩，不，很不一定。但是他们个人主义突出，处处以一个“我”字为核心，因此就会有一连串的很不好的表现了。

当我午夜梦回，或者黄昏漫步的时候，有时也会怀念逝去的大人物、长者和友人，能够叩开我的记忆的心扉的，总是那些谦逊诚恳，利他利群的人，而不是那种孜孜为己、飞扬跋扈的人。虽然后一种人中，有的也曾经跻居高位，炙手可热，曾经发迹，曾经显赫，每次不意想起他们的时候，自己的“记忆之门”的内部就仿佛会伸出一只理性的手，把“来客”推了出去，“闭门不纳”。为什么会有这样一种心理活动呢？（这是任何权势都无法干预的一种心理活动）我常常暗自思忖，结论是：只有那些情操高尚的人，才能够真正赢得我们由衷的热爱和尊敬。这种占据人们心灵的力量，我想也可以称之为“人格的力量”。

这些具有人格力量的人，在消极道德方面，他们不会损人利己，假公济私；而在积极道德方面，他们能发扬献身精神，造福人民。真正的革命家是这样的人，但不只是革命家而已，医生、科学家、教师、学者和普通劳动人民中都有这样的人。相反，有一些招牌很漂亮，头衔很尊严，以致很多有权势的人，实际上却离这样的境界十分遥远。有些“一声震得人间响，回头看时已化灰”的爆竹式的人物，不过是历史舞台上的匆匆过客。

一个人的人格力量如何，归根到底在于他和旁人、和集体的关系到底如何。

我们读伟大人物的传记，受到感动，为之激励，就在于他们的利他主义和献身精神使我们深深崇敬。有一些人，你并不能把他们归入革命家一类，但是他们同样有这种精神，像巴斯德、居里夫人、爱因斯坦等科学家就是这样。具有人格力量的人，也不一定是什么名人。有些很平常的人，平时辛勤朴素，临终时却把全部财产献给社会福利事业，甚至连遗体也叮嘱留作医学研究之用。有些乡村教师，数年如一日背着身患残疾的学童渡河上学。有些妇女，在报纸上看到某个战士英勇作战致残的消息后，挺身应征做他的妻子，甘愿照料他的一生。农村有些个体户，富裕之后，自愿把孤苦老人接到家里，悉心照顾。这些事情，都令人感到人格力量的伟大。

马克思说：“如果人只是为了自己而劳动，他或许能成为有名的学者、绝顶聪明的人、出色的诗人，但他绝不可能成为真正的完人和伟人。”彭德怀说：“一个人如果只想到自己，那是最可耻的，一个人如果只为自己活着，那就不如死掉。”也许有人认为这些话说得很重吧！但是一切受过极端个人主义者损害的人，都会感到这些言语具有入木三分的力量。也许有人以为这些话都是“共产党宣言”吧！其实，从古到今，表达了类似意思的历史人物的话不知道有多少。明末顾炎武讲的“国家兴亡，匹夫有责”，清末秋瑾讲的“芸芸众生，谁不爱生？爱生之极，进而爱群”，科学家爱因斯坦讲的“一个人对于社会的价值首先取决于他的感情、思想和行动对增进人类利益有多大的作用”。如果我们的社会有越来越多的人具有这种人格和襟怀，我们大家就会生活得更加幸福，社会也将进步得更快。

自然，对这类格言极端反感，发出冷笑的人也是有的。如果你去向毫不悔改的贪官、流氓、无赖、骗子宣传这些，那就不过像在石头上种花一样徒劳了。

我见到许多青年人都很爱美，花了许多钱做衣服、烫头发、整容。爱美是人类的天性，这自然是无可非议的。但是，“鸟美在羽毛，人美在心灵”。如果一个人仪表堂堂，衣服艳丽，而内心却卑污龌龊，贪婪无度，一点儿高尚的情操也没有，缺少正直、诚实、高尚的人格，外表美又算个什么？

“对增进人类利益有多大的作用”，始终是衡量一个人的价值的重要标志。具有人格力量的人是真正的强者，这样的人经得住时间的冲洗，他们的美是永不褪色的。当我看到青年那么爱美的时候，我就禁不住想把心头的这一番话告诉他们了。

（选自《读廉经典·廉政美文》，中国方正出版社，2014 年 1 月）

妈妈，稻子熟了

★ 袁隆平

稻子熟了，妈妈，我来看您了。

本来想一个人静静陪您说会话，安江的乡亲们实在是太热情了，天这么热，他们还一直陪着，谢谢他们了。

妈妈，您在安江，我在长沙，隔得很远很远。我在梦里总是想着您，想着安江这个地方。

人事难料啊，您这样一位习惯了繁华都市的大家闺秀，最后竟会永远留在这么一个偏远的小山村。还记得吗？1957 年，我要从重庆的大学分配到这儿，是您陪着我，脸贴着地图，手指顺着密密麻麻的细线，找了很久，才找到地图上这么一个小点点。当时您叹了口气说：“孩子，你到那儿，是要吃苦的呀……”我说：“我年轻，我还有一把小提琴。”没想到的是，为了我，为了帮我带小孩，把您也拖到了安江。最后，受累吃苦的，是妈妈您哪！您哪里走得惯乡间的田埂！我总记得，每次都要小孙孙牵着您的手，您才敢走过屋前屋后的田间小道。

安江是我的一切，我却忘了，对一辈子都生活在大城市里的您来说，70 岁了，一切还要重新来适应。我从来没有问过您有什么难处，我总以为会有时间的，会有时间的，等我闲一点一定好好地陪陪您……哪想到，直到您走的时候，我还在长沙忙着开会。那天正好是中秋节，全国的同行都来了，搞杂交水稻不容易啊，我又是召集人，怎么着也得陪大家过这个节啊，只是儿子永远亏欠妈妈您了……其实我知道，那个时候已经是您的最后时刻。我总盼望着妈妈您能多撑两天。谁知道，即便是天不亮就往安江赶，可是我还是没能见上妈妈您最后一面。

太晚了，一切都太晚了，我真的好后悔，妈妈当时您一定等了我很久，盼了我很长，您一定有很多话要对儿子说，有很多事要交代。可我怎么就那么糊涂呢！这么多年哪，为什么我就不能少下一次田，少做一次试验，少出一天差，坐下来静静地好好陪陪您。哪怕……哪怕就一次。

妈妈，每当我的研究取得成果，每当我在国际讲坛上谈笑风生，每当我接过一座又一座奖杯，我总是对人说，这辈子对我影响最深的人就是妈妈您啊！无法想象，没有您的英语启蒙，在一片闭塞中，我怎么能够用英语阅读世界上最先进的科学文献，用超越那个时代的视野，去寻访遗传学大师孟德尔和摩尔根？无法想象，在那个颠沛流离的岁月中，从北平到汉口，从桃源到重庆，没有您的执着和鼓励，我怎么能够获得系统的现代教育，获得在大江大河中自由翱翔的胆识？无法想象，没有您在我的摇篮前跟我讲尼采，讲这位昂扬着生命力、意志力的伟大哲人，我怎么能够在千百次的失败中坚信，必然有一粒种子可以使万千民众告别饥饿？他们说，我用一粒种子改变了世界。我知道，这粒种子，是妈妈您在我幼年时种下的！

稻子熟了，妈妈，您能闻到吗？安江可好？那里的田埂是不是还留着熟悉的欢笑？隔着 21 年的时光啊，我依稀看见，小孙孙牵着您的手，走过稻浪的背影；我还要告诉您，一辈子没有耕种过的母亲，稻芒划过手掌，稻草在场上堆积成垛，谷子在阳光中毕剥作响，水田在西晒下泛出橙黄的颜色。这都是儿子要跟您说的话，说不完的话啊。

（选自《新湘评论》2011 年第 18 期）

中国人失掉自信力了吗

★ 鲁迅

从公开的文字上看起来：两年以前，我们总自夸着“地大物博”，是事实；不久就不再自夸了，只希望着国联，也是事实；现在是既不夸自己，也不信国联，改为一味求神拜佛，怀古伤今了——却也是事实。

于是有人慨叹曰：中国人失掉自信力了。

如果单据这一点现象而论，自信其实是早就失掉了的。先前信“地”，信“物”，后来信“国联”，都没有相信过“自己”。假使这也算一种“信”，那也只能说中国人曾经有过“他信力”，自从对国联失望之后，便把这他信力都失掉了。

失掉了他信力，就会疑，一个转身，也许能够只相信了自己，倒是一条新生路，但不幸的是逐渐玄虚起来了。信“地”和“物”，还是切实的东西，国联就渺茫，不过这还可以令人不久就省悟到依赖它的不可靠。一到求神拜佛，可就玄虚之至了，有益或是有害，一时就找不出分明的结果来，它可以令人更长久的麻醉着自己。

中国人现在是在发展着“自欺力”。

“自欺”也并非现在的新东西，现在只不过日见其明显，笼罩了一切罢了。然而，在这笼罩之下，我们有并不失掉自信力的中国人在。

我们从古以来，就有埋头苦干的人，有拼命硬干的人，有为民请命的人，有舍身求法的人，……虽是等于为帝王将相作家谱的所谓“正史”，也往往掩不住他们的光耀，这就是中国的脊梁。

这一类的人们，就是现在也何尝少呢？他们有确信，不自欺；他们在前仆后继的战斗，不过一面总在被摧残，被抹杀，消灭于黑暗中，不能为大家所知道罢了。说中国人失掉了自信力，用以指一部分人则可，倘若加于全体，那简直是诬蔑。

要论中国人，必须不被搽在表面的自欺欺人的脂粉所诓骗，却看看他的筋骨和脊梁。自信力的有无，状元宰相的文章是不足为据的，要自己去看地底下。

九月二十五日

（选自《朝花夕拾》，江苏凤凰文艺出版社，2018 年 1 月）

不能走老路，也不能走邪路

金冲及

习近平总书记在十八届中共中央政治局第一次集体学习时，强调指出：学习十八大报告必须抓住它的主线。他说："坚持和发展中国特色社会主义是贯穿党的十八大报告的一条主线。我们要紧紧抓住这条主线，把坚持和发展中国特色社会主义作为学习贯彻党的十八大精神的聚焦点、着力点、落脚点，只有这样，才能把党的十八大精神学得更加深入、领会得更加透彻、贯彻得更加自觉。"

这是一个提纲挈领的重要论断。为了更好地理解它，不妨提出一个问题来思考："建设有中国特色的社会主义"是邓小平在党的十二大上提出来的，到现在已经 30 年了。30 年来，党中央始终高举这面旗帜来统率我们的一切工作。为什么到了今天，在学习和贯彻十八大精神时，依然要把聚焦点、着力点、落脚点放在“坚持和发展中国特色社会主义”这一点上，强调要紧紧抓住这条主线呢？我想有几个原因。

首先，举什么旗，走什么路，这是个根本问题。我们党今天高举的是中国特色社会主义这面旗帜，走的是中国特色社会主义这条道路。对方方面面的具体工作，衡量它的是非得失时，标准只有一个：就是看它是不是符合、坚持了中国特色社会主义这条主线。各项具体工作，要是忘记或者偏离了这条主线，就会迷失方向，甚至误入歧途。十八大报告的内容极为丰富，如果在学习时只把注意力分散地甚至枝枝节节地放在这项或那项具体工作上，而不是透过这些具体工作更好地领会党是怎样引领全国各族人民在中国特色社会主义道路上开拓前进的，那就不能说是真正学好了十八大报告。

其次，中国特色社会主义不仅要坚持，而且要发展。怎样发展？只能从实践中发展。经过改革开放 30 多年的实践，我们对中国特色社会主义的认识比它刚提出来时更加丰富了。党的十八大提出了许多新的内容，例如：中国特色社会主义是由道路、理论体系、制度三位一体构成的；建设中国特色社会主义有其总依据、总布局、总任务；在新的历史条件下夺取中国特色社会主义新胜利必须牢牢把握八条基本要求，等等。所有这一切都是紧紧扣住中国特色社会主义这个根本命题来谈的，从而丰富了它的内容。因此，学习和贯彻十八大精神，最重要的也是为了更好地理解应该怎样“坚持和发展中国特色社会主义”。

还有一点也十分重要：虽然30年过去了，人们对中国特色社会主义的看法并非已经完全取得了一致。当前思想领域内确实仍可看到某些离开中国特色社会主义的言论，值得我们警惕。例如，有的人把中国改革开放以来的现状称为“有中国特色的资本主义”，这不就从根本上否定了改革开放，走回到老路上去吗？有的人离开中国的实际国情，一味鼓吹搬用西方的政治、经济、文化模式，那样就会一步一步走向西化，而走上邪路。还有的人也讲社会主义，却淡化或不愿意谈共同富裕这个目标，这恰恰抽掉了社会主义的本质属性。十八大报告中有两句很引人注目的话：“既不走封闭僵化的老路，也不走改旗易帜的邪路。”这里显然有着鲜明的现实针对性。

（文章有删节，选自《党的文献》2013年第3期）

中国共产党最有理由自信

习近平总书记指出，“当今世界，要说哪个政党、哪个国家、哪个民族能够自信的话，那中国共产党、中华人民共和国、中华民族是最有理由自信的”。中国共产党最有理由自信，这一重要论断彰显了以习近平同志为核心的党中央团结带领全党全国各族人民实现“两个一百年”奋斗目标和中华民族伟大复兴中国梦的底气和决心。

所谓政党自信，在今天的历史语境下，指的是中国共产党对自身价值的充分肯定，对自身生命力的坚定信念。

政党自信不是做成的，而是长成的。中国共产党自诞生以来，就始终走在赶考的路上。90 多年的实践证明，我们党在这场历史性考试中交出了亮丽的答卷，这是政党自信的历史逻辑。

其一，中华民族由乱到治，离不开中国共产党的领导。

近代以来，中国经历了由乱世到治世再到善治三个阶段。1840 年到 1949 年属于“无人管得了”的乱世阶段，这时的中国山河破碎，内忧外患。

从内忧来说，19 世纪上、中叶，民不聊生导致白莲教起义、太平天国起义、捻军起义相继爆发；19 世纪末，以“扶清灭洋”为口号的义和团运动登场，结果是“清”没扶起来，“洋”也没灭掉；20 世纪初，革命党人领导的旧民主主义革命搅动中国，大清帝国风雨飘摇；1911 年，辛亥革命完成最后一击，大清王朝土崩瓦解；清末民初，军阀混战国无宁日；1946 年，国民政府撕毁和平协议，三年内战打响。

从外患来说，1840 年，第一次鸦片战争爆发，英国劳师远征，大清国门洞开；1856 年，第二次鸦片战争爆发，英法联军入侵北京，并于 1860 年火烧圆明园；1883 年，中法战争爆发，“法国不胜而胜，中国不败而败”；1894 年，中日甲午战争爆发，北洋水师全军覆没；1900 年，八国联军攻占北京；1931 年，日军进犯东北，东三省沦陷；1937 年，抗日战争全面爆发，大半个中国落入虎口。在西方列强的重重蹂躏下，中国人民 5000 年累积起来的民族自信轰然坍塌。

可见，近代以来，中华民族内忧外患不断，社会一盘散沙，中国共产党之外的各派政治势力均是昙花一现，成为“其兴也勃、其亡也忽”的匆匆过客。近代以来，中国人苦苦追寻救亡图存之路，农民革命、君主立宪制、复辟帝制、议会制、总统制都想过了、试过了，结果都行不通，中国依然处于乱世，最后选择了中国共产党，中国才实现了由乱到治的历史转变，开启了重塑民族自信的伟大征程。

其二，中国人民站立起来，离不开中国共产党的领导。

“中国人民从此站立起来了！”多么朴实的宣示，然而，不了解跪着的屈辱，就不可能了解站立的意义，也不能了解这几个字的分量。

近代以来，康乾盛世的余波还未远去，中国人民的命运却迎来了 180 度的翻转，昨天还挺直脊梁的中国人一步跌入跪着讨生活的深渊。今天，我们不能忘记，一百多年前，区区两千多人马便轰开重兵把守的大清口岸，区区两万兵力便攻陷大国首都，这是何等的屈辱；我们不能忘记，一百多年前，万园之园付之一炬，广袤国土任人宰割，这是何等的屈辱；我们不能忘记，一百多年前，自己的地盘，“华人与狗，不得入内”，这是何等的屈辱！

其实，旧中国被列强肆意蹂躏，原因只有一个：精神已经跪下了，不仅是国力弱、军力弱，更是精神弱、意志弱、领导者弱。这一面貌直到中国共产党的出场才有了根本扭转。中国人民站起来了，抗日战争，中国共产党是中流砥柱；抗美援朝，更是新中国的立国之战，也是中国人的成人礼。自从中国人民挺直脊梁站立于世界的东方，东西方角力的天平从此改观，西方颐指气使的日子从此终结。

其三，中国面貌由废到兴，离不开中国共产党的领导。

旧中国，千疮百孔，百废待兴。20 世纪 50 年代初，毛泽东在《论十大关系》中说：我们国家的面貌，“一为‘穷’，二为‘白’。‘穷’，就是没有多少工业，农业也不发达。‘白’，就是一张白纸，文化水平、科学水平都不高”。工业相当落后，连日用品都依赖国外进口，“洋火”“洋油”“洋布”便是历史见证。

中国奇迹是当今世界最重要的历史事件。新中国成立以来，特别是改革开放以来，我国发展成就震惊世界，彻底摆脱了被开除球籍的危险。从一穷二白，到经济总量位居世界第二；从“洋字号”时代到完整的工业体系；从百姓温饱不足，到进入世界中等收入国家行列；从物资短缺，到坐上全球货物贸易头把交椅；从与世隔绝到坚定不移推进经济全球化，中国经历凤凰涅槃，完成了从世界边缘走向世界舞台中心的华丽转身。正如习近平总书记所说，“现在，我们比历史上任何时期都更接近中华民族伟大复兴的目标，比历史上任何时期都更有信心、有能力实现这个目标”。中国道路的巨大成功足以支撑起中国共产党的底气与自信！

（作者陈曙光，文章有删节，选自《光明日报》2017年9月4日）

可爱的中国

★ 方志敏

朋友！中国是生育我们的母亲。你们觉得这位母亲可爱吗？我想你们是和我一样的见解，都觉得这位母亲是蛮可爱蛮可爱的。以言气候，中国处于温带，不十分热，也不十分冷，好像我们母亲的体温，不高不低，最适宜于孩儿们的偎依。以言国土，中国土地广大，纵横万数千里，好像我们的母亲是一个身体魁大、胸宽背阔的妇人，不像日本姑娘那样苗条瘦小。中国许多有名的崇山大岭，长江巨河，以及大小湖泊，岂不象征着我们母亲丰满坚实的肥肤上之健美的肉纹和肉窝？中国土地的生产力是无限的；地底蕴藏着未开发的宝藏也是无限的；废置而未曾利用起来的天然力，更是无限的，这又岂不象征着我们的母亲，保有着无穷的乳汁，无穷的力量，以养育她四万万的孩儿？我想世界上再没有比她养得更多的孩子的母亲吧。至于说到中国天然风景的美丽，我可以说，不但是雄巍的峨嵋，妩媚的西湖，幽雅的雁荡，与夫“秀丽甲天下”的桂林山水，可以傲睨一世，令人称羡；其实中国是无地不美，到处皆景，自城市以至乡村，一山一水，一丘一壑，只要稍加修饰和培植，都可以成流连难舍的胜景；这好像我们的母亲，她是一个天姿玉质的美人，她的身体的每一部分，都有令人爱慕之美。中国海岸线之长而且弯曲，照现代艺术家说来，这象征我们母亲富有曲线美吧。咳！母亲！美丽的母亲，可爱的母亲，只因你受着人家的压榨和剥削，弄成贫穷已极；不但不能买一件新的好看的衣服，把你自己装饰起来；甚至不能买块香皂将你全身洗擦洗擦，以致现出怪难看的一种憔悴褴褛和污秽不洁的形容来！啊！我们的母亲太可怜了，一个天生的丽人，现在却变成叫花的婆子！站在欧洲、美洲各位华贵的太太面前，固然是深愧不如，就是站在那日本小姑娘面前，也自惭形秽得很呢！

不错，目前的中国，固然是江山破碎，国弊民穷，但谁能断言，中国没有一个光明的前途呢？不，决不会的，我们相信，中国一定有个可赞美的光明前途。中国民族在很早以前，就造起了一座万里长城和开凿了几千里的运河，这就证明中国民族伟大无比的创造力！中国在战斗之中一旦斩去了帝国主义的锁链，肃清自己阵线内的汉奸卖国贼，得到了自由与解放，这种创造力，将会无限地发挥出来。到那时，中国的面貌将会被我们改造一新。所有贫穷和灾荒，混乱和仇杀，饥饿和寒冷，疾病和瘟疫，迷信和愚昧，以及那慢性的杀灭中国民族的鸦片毒物，这些等等都是帝国主义带给我们可憎的赠品，将来也要随着帝国主义的赶走而离去中国了。朋友，我相信，到那时，到处都是活跃的创造，到处都是日新月异的进步，欢歌将代替了悲叹，笑脸将代替了哭脸，富裕将代替了贫穷，康健将代替了疾病，智慧将代替了愚昧，友爱将代替了仇恨，生之快乐将代替了死之忧伤，明媚的花园将代替了暗淡的荒地！这时，我们民族就可以无愧色地立在人类的面前，而生育我们的母亲，也会最美丽地装饰起来，与世界上各位母亲平等地携手了。

这么光荣的一天，决不在遥远的将来，而在很近的将来，我们可以这样相信的，朋友！

朋友，我的话说得太噜嗦厌听了吧！好，我只说下面几句了。我老实地告诉你们，我爱护中国之热诚，还是如小学生时代一样的真诚无伪；我要打倒帝国主义为中国民族解放之心还是火一般的炽烈。不过，现在我是一个待决之囚呀！我没有机会为中国民族尽力了，我今日写这封信，是我为民族热情所感，用文字来作一次为垂危的中国的呼喊，虽然我的呼喊，声音十分微弱，有如一只将死之鸟的哀鸣。

啊！我虽然不能实际地为中国奋斗，为中国民族奋斗，但我的心总是日夜祷祝着中国民族在帝国主义羁绊之下解放出来之早日成功！假如我还能生存，那我生存一天就要为中国呼喊一天；假如我不能生存——死了，我流血的地方，或者我瘗骨的地方，或许会长出一朵可爱的花来，这朵花你们就看作是我的精诚的寄托吧！在微风的吹拂中，如果那朵花是上下点头，那就可视为我对于为中国民族解放奋斗的爱国志士们在致以热诚的敬礼；如果那朵花是左右摇摆，那就可视为我在提劲儿唱着革命之歌，鼓励战士们前进啦！

亲爱的朋友们，不要悲观，不要畏馁，要奋斗！要持久地艰苦地奋斗！把各人所有的智慧才能，都提供于民族的拯救吧！无论如何，我们决不能让伟大的可爱的中国，灭亡于帝国主义的肮脏的手里！

（文章有删节，选自《方志敏全集》，人民出版社，2012 年 6 月）

重读《可爱的中国》

文选德

《可爱的中国》是方志敏在狱中囚室写下的文字较多的一篇经典大作。应该说，这也是一篇充满激情，极富爱国情怀的抒情散文典范！读之，会引领你回到那积弱积贫苦难深重的旧中国，吞咽那令人凄凉的悲苦酸楚，同时也会使你重又回到这流光溢彩的当今社会，倍加珍惜充满阳光的幸福甜美生活……也就是这篇《可爱的中国》，着实教育、鼓舞、激励和影响了一代又一代血性青年！

《可爱的中国》共有九个章节。文章虽然没有开头，但方志敏却在文章的开头写下了这样一段文字："我很小的时候，在乡村私塾中读书，无知无识，不知道什么是帝国主义，也不知道帝国主义如何侵略中国，自然，不知道爱国为何事。以后进了高等小学读书，知识渐开，渐渐懂得爱护中国的道理。”我以为，这段文字就是方志敏为何要写《可爱的中国》的原本意旨。

紧接着这段文字，方志敏满怀激情地讲述了1918年爱国运动波及他所在高小的情况。他说，这以后，他们也开起大会来了。在会场中，几百个小学生，都怀着一肚子的愤恨，一方面痛恨曹（汝霖）、章（宗祥）等卖国贼的狗肺狼心！他还说有一个青年教师还跑上讲堂，将日本帝国主义提出的灭亡中国的二十一条，一条一条地边念边讲。“他的声音由低而高，渐渐地吼叫起来，脸色涨红，渐而发青，颈子胀大得像要爆炸的样子，满头的汗珠子，满嘴唇的白沫，拳头在讲桌上捶得砰砰响。”而此时的同学们，没有哪一个不是鼓起嘴巴，睁大的眼睛都是红红的像要冒出火来！紧接着，方志敏用了三个章节的篇幅，讲述了他在高中毕业以后，到N城（大概是南昌市）和K埠（大概是九江市）以及上海的所见所闻，更是激怒了他“一个血性青年”极大的爱国义愤和强烈的爱国热情。

在上海，“最使我难堪的，是我在上海游法国公园的那一次”。那天，和几个穷朋友一走到公园门口就看到一块刺目的牌子，牌子上写着“华人与狗不准进园”几个字。“这几个字射入我的眼中时，全身突然一阵烧热，脸上都烧红了。这是我感觉着从来没有受过的耻辱！”在上海，到处“还可以看到高傲的洋大人的手杖，在黄包车夫和苦力的身上飞舞；到处可以看到饮得烂醉的水兵，沿街寻人殴打；到处可以看到巡捕手上的哭丧棒，不时在那些不幸的人们身上乱揍；假若你再走到‘西牢’旁边听一听，你定可以听到从里面传出来在包探捕头拳打脚踢毒刑毕用之下的同胞们一声声呼痛的哀音……”

方志敏满怀深情地说：“总之，半殖民地的中国，处处都是吃亏受苦，有口无处诉。但是，朋友，我却因每一次受到的刺激，就更加坚定为中国民族解放奋斗的决心。我是常常这样想着，假使能使中国民族得到解放，那我又何惜于我这一条蚁命！”

从这里，我们真真切切地感受到一个革命者博大的革命胸怀、远大的革命理想和伟大的革命精神！

方志敏在写自己在家乡、在九江、在上海、在江西以及在日本的轮船上的一些所见所闻、所思所想、所感所悟以后，以极大的热情用了很多笔墨，讴歌美丽的中国，赞美可爱的中国。方志敏用母亲的口吻大声发问：“难道我四万万七千万的孩子，都是白生了吗？难道他们真像着了魔的狮子，一天到晚的睡着不醒吗？难道他们不知道用自己伟大的团结力量，去与残害母亲、剥削母亲的敌人斗争吗？难道他们不想将母亲从敌人手里救出来，把母亲也装饰起来，成为世界上一个最出色、最美丽、最令人尊敬的母亲吗？”这种发问，就是一种号令：四万万七千万同胞团结起来，为了可爱的中国，为了生育我们的母亲，去战斗！

方志敏同志这位中国民族的优秀儿子，在经历许多许多令人难过心酸和悲伤愤怒的事情以后，义无反顾地走上了革命的道路。方志敏同志牺牲后，叶剑英同志1940年在重庆读完方志敏狱中手书后，写下了一首七言绝句："血染东南半壁红，忍将奇绩作奇功。文山去后南朝月，又照秦淮一叶枫。"方志敏同志为了"可爱的中国"，为了"生育我们的母亲"，流尽了最后一滴血，献出了自己年轻宝贵的生命！

（文章有删节，选自《人生路上》，湖南人民出版社，2016年12月）

我替父亲看到了“可爱的中国”

我一生只见过父亲方志敏两次，但是够我怀念一辈子的了。

1932 年冬天，国民党军出动近 40 万兵力，第四次疯狂“围剿”苏区。我就出生在这次围剿的炮火中。当时敌人已经冲到了村庄边上，母亲是在转移途中自己扯断脐带，把我带到了人世间。迫于当时的形势，我被父母送到当地老百姓家里寄养。1935 年，父亲被捕，继而遭到杀害，敌人为斩草除根，四处搜捕方志敏的后人。我被迫改了姓名，跟着养父母生活在农村。

直到 1949 年 8 月，全国解放在即，母亲费尽周折终于找到了我，把我接到她的身边。那时候我已经 18 岁了。

18岁，我终于又做回了“方梅”。“方梅”是父亲给我起的名字。“心有三爱，奇书骏马佳山水；园栽四物，青松翠竹白梅兰。”这是父亲最爱的一副对联。三爱，爱的是祖国的历史文化和山河物产；而四物，无一不寄托他对高洁品性和人格的向往。父亲为自己战火岁月中出生的5个孩子，分别取名为松、柏、竹、梅、兰。

18岁之前，我一直在农村做农活，没有上过一天学。母亲知道后，立刻送我去烈士子弟学校读书。可我年龄大了，不愿意读书，三天两头往乡下跑。直到有一次，母亲非常痛心地对我说：“如果没有把你培养成有文化的革命接班人，就是没有完成你父亲的遗愿，就是对不起你父亲！”

这句话深深地触动了我。从那以后，我发愤用功读书。

到1953年，我已经上了4年学，认了不少字。那一年秋天，母亲郑重地送了我一本书。拿到手上，我才知道这本书原来竟是父亲的遗著之一《可爱的中国》。母亲在书的扉页上写了一段话给我：“梅儿，这本书是你爸爸在狱中用血泪写出来的遗言，你要反复地精读，努力地学习，用实际行动来继承你爸未竟的事业！”

《可爱的中国》是我学习文化后独立阅读的第

一本书。我触摸着书中的文字，被书中的内容所吸引。尽管有不少字不认得，但书中一再提及的祖国母亲、对祖国深深的热爱、对美丽母亲被残害被剥削的伤心，都在我的思想深处引起巨大震动，给我前所未有的启示。

从《可爱的中国》起，我才开始真正认识父亲、了解父亲，渐渐懂得父亲说过的话，理解了他的作为。对我来说，父爱以回忆的方式、以精神力量的方式存在。我为有这样一位好父亲感到无上光荣。虽然我不能做出父亲那样的丰功伟绩，但他的精神和气节我要继承。

母亲健在的时候，赣东北苏区的老同志时常来南昌看望她，一起回忆革命往事，回忆父亲的故事。母亲去世了，我就接过母亲的担子，延续着与父亲革命战友、家乡人民的血肉联系。听过的故事越多，父亲的人格魅力和精神追求就越清晰，为父亲立传的念头也越强烈。我希望通过书的形式让父亲的精神得到传扬，让他的事迹以这种方式被镌刻。

1986 年退休后，我开始全身心投入寻访父亲革命足迹的事业。“兹有我单位共产党员方梅同志，系方志敏女儿，因采访父亲事迹需要，请配合采访为盼。”凭着这封盖有江西省航运管理局公章的介绍信，我几乎跑遍了父亲生活和战斗的每一个地方，采访了上千人。每到一个地方，人们听说我是方志敏的女儿，都热情地接待我。我在搜集资料和写作《方志敏全传》的过程中，再一次走进父亲的生命，走进父辈的历史。

父亲生命中最后 7 个月与其说被囚禁，不如说是在战斗——他写下了感人肺腑的《可爱的中国》《清贫》等名篇，以他真挚的心路历程鼓舞了更多后来者。他笔下的文字，坚定地表现了他的信仰和信念："敌人只能砍下我们的头颅，决不能动摇我们的信仰！因为我们信仰的主义，乃是宇宙的真理！为着共产主义牺牲，为着苏维埃流血，那是我们十分情愿的啊！"

在我父亲所处的时代，爱国就是要救国。他一生忠贞不屈，到了最后牺牲自己的一切，都是为了救国。今天身处和平年代，爱国就是要建设祖国，把祖国建设得繁荣富强，建设得更加可爱。父亲毕生都在为一个可爱的中国而奋斗。我可以告慰父亲：您笔下"可爱的中国"，我替您看见了，而且比您想象的还要好。

（作者方梅，选自《人民日报》2021 年 5 月 7 日）

忆江南

——《水乡吟》后记

★ 夏衍

这已经是差近两年前的事了。

从香港回来，途次柳州，有了一天的耽搁。有意摆脱了同难的朋友，独自地想到江边去摭拾一些回忆。在广州沦陷的战乱中，我也曾凄惶地到过这个地方。这一夜月黑无星，灯光黄淡。渡浮桥，中途索然思返，路远天长，陡然感到凄苦。这几年来像孩子似的想把瓦石搭起一座宝塔，不是一次又一次地在他人的一蹴之下就粉碎了么？夜静无声，更像是独行旷野，至桥埦，风传来了一阵琐碎的男女絮语的声音：

“你想也想不到的，嫂嫂他们过的是怎样的生活。”

我憬然耸耳，因为这正是百分之百地保存了杭州上城人语调的乡音。暗淡中看不清面目，估想起来不过是一个十五六岁的少女吧，同行的少年怕冷似的竖起了衣领，垂头不答。两个人都沉浸在凄哀的乡愁中，那是从他们怨诉一般的声调和拖着淡影的脚步也可以看得到的。我禁不住想起了故园，想起了无数在故园过着"想也想不到的"生活的人像。就从这一对小儿女讲吧，生长在富庶的江南，乡土赋予了他谨慎保守到"怕出远门"的习性，要不是残酷的战争，要不是日本法西斯给他们的"想也想不到"的生活，要不是他们还幸福地保有着想要挣脱这种生活的年青人的稚气和勇气，恐怕一生中再也不会漂泊到这江南人心目中认为蛮荒瘴毒的地方来吧？可是现在，这样的小儿女们已经不再是独特的例子了。我从这一句平凡的，可是凄寂的言语后面听到了一种平凡人的悲壮，展开在我回想中的故乡也已经不再是含垢垂泪的西子湖边的桃柳，而只是驰骋在莫干天目之间的被迫着用原始的武装来反抗强暴的游击战士了。叙述这些人的故事，今天不已经像神话一般地流转在故乡来人的口碑中么？

这一年夏，敌人攻陷了金华。苟安的幻想在凶残的三光政策下面粉碎，金和铅在战火中判别了他们的坚实与脆弱了。眼看得见的是几乎无可挽救的土堤般的溃决，眼看不见的却像是遇到阻力而更显出了它威力的春潮。要不是浙西人民武装和游击队伍一再出击与阻挠，这一年夏季的法西斯洪水也许会冲得更远一点吧。我明白了浙西人所谓“浙西人的柔弱”这个概念只能正确地适用于上层知识分子，于是我也居然常常以王八妹之类的草泽英雄作为我故乡的夸耀了。

《水乡吟》四幕，是在这样的心情下所写。但我为了不想再在沙上建塔，所以我有意地把真正想写的推到观众看不见的幕后，而使之成为无可诘究的后景与效果。惯于用教条来呵斥的批评家们也许会指出我的怯弱，但这剧本在“中国万岁剧团”所遭遇的“想也想不到”的歧视与冷遇，不就是一个我的最好的辩解么？这本书没有写序，我只在卷首抄了两句陶渊明的诗句：

刑天舞干戚，猛志固常在。

读者会觉得太晦暗么？那么我说：这正是此时此地不得不然的风习。

一九四二年

（选自《夏衍研究专集》，浙江文艺出版社，1990年12月）

巴黎之泪

★ 冼星海

我常常在失业与饥饿中，而且求救无门。在找到了职业时，学习的时间却又太少，在此时期我曾经做过各种各样的下役，像餐馆跑堂，理发店杂役，做过西崽（boy），做过看守电话的佣人和其他各种被人看作下贱的跑腿。在繁重琐屑的工作里，只能在忙里抽出一点时间来学习提琴，看看谱，练习写曲。但是时间都不能固定，除了上课的时间无论如何要想法上课外，有时在晚上能够在厨房里学习提琴就好了，最糟的有时一早五点钟起来，直做到晚上十二点钟。有一次，因为白天上课弄得很累，回来又一直做到晚上九点，最后一次端菜上楼时，因为晕眩，连人带菜都摔倒，被骂了一顿之后，第二天就开除了。我很不愿把我是一个工读生的底细告诉我的同事们，甚至连老板也不告诉，因此，同事对我很不好，有些还忌刻我，在我要去上课的那天故意多找工作给我做，还打骂我，因此我也常打架。有一个同事是东北人，他看见我学习时，总是找出事来给我，譬如说壁上有丝尘，要我去揩等等。但我对他很好，常常给他写信回家（东北），他终于感动了，对我特别看待，给我衣服穿等等。可是我还不告诉他我入学的事。

我失过十几次业，饿饭、找不到住处，一切的问题都来了。有几次又冷又饿，实在支持不住，在街上软瘫下来了。我那时想大概要饿死了。幸而总侥幸碰到些救助的人，这些人是些外国的流浪者（有些是没落贵族，有些是白俄）。大概他们知道我能弹奏提琴，所以常在什么宴会里请我弹奏，每次给一二百法郎，有时多的一千法郎。有对白俄夫妇，已没落到做苦工，他们已知道了劳动者的苦楚，他们竟把得到的很微薄的工资帮助我——请我吃饭。我这样的过朝挨夕，谈不上什么安定。有过好几天，饿得快死，没法只得提了提琴到咖啡馆、大餐馆中去拉奏讨钱，忍着羞辱拉了整天得不到多少钱，回到寓所不觉痛哭起来。把钱扔到地下，但又不得不拾起。门外房东在敲门要房金，如不把讨到的钱给他，就有到捕房去坐牢的危险（其实不是为了学习，倒是个活路）。有一次讨钱的时候，一个有钱的中国留学生把我的碟子摔碎，掌我的颊，说我丢中国人的丑！我当时不能反抗，含着泪，悲愤得说不出话来——在巴黎的中国留学生很不喜欢我，他们都很有钱，还有些领了很大一笔津贴，但却不借给我一文。有时，我并不是为了借钱去找他们，但他们把门闭上，门口摆着两双到四双擦亮的皮鞋（男的、女的）。

我忍受生活的折磨，对于学音乐虽不灰心，但有时也感到迷惘和不乐，幸而教师们肯帮助我，鼓励我，在开音乐会演奏名曲时，常送我票。奥别多菲尔先生在一个名音乐会里演他的提琴独奏（Thais）时，不厌我穷拙，给我坐前排。这些对我意外的关怀，时时促使我重新提起勇气，同时也给我扩大了眼界。我的学习自己觉得逐渐有些进步，我写了好多东西，我学习应用很复杂的技巧。

在困苦生活的时日，对祖国的怀念也催迫着我努力。

（标题为编者所拟，文章有删节，选自《我学习音乐的经过》，人民音乐出版社，1980 年 4 月）

腾飞的十八洞村

★ 李迪

这里是湖南湘西十八洞村。一个古老而年轻的苗族村寨。青山环抱，绿水流翠。木楼相依，万瓦如鳞。

2013 年 11 月 3 日，习近平总书记来到了这里。在村民的晒谷场上，在一棵高耸入云、有着三百多年树龄的梨树下，面对围坐在身边的父老乡亲，习近平总书记第一次提出了“精准扶贫”，指导全国扶贫攻坚战。沉睡在贫困中的十八洞村，自此蝶变，张开多彩而勤奋的翅膀，飞翔在脱贫奔小康的春风里。那样耀眼，那样明亮！

十八洞村由四个自然寨组成，习近平总书记所去的寨子，因为有梨树，就叫梨子寨。

村党支部书记龙书伍说，论季节本是初冬，我们却迎来一场春风！

行走在绿水青山的十八洞村，你会时时被精准扶贫、自强不息的故事所感动。

金兰蜜的故事

扶贫工作队队长龙秀林吓了一跳！

当他就着星光走上前去，这才看清，路边黑乎乎的一堆，不是柴火，而是一个人。

天寒地冻的，这是谁呀？

还能有谁？村民说，龙先兰！

听村民讲起，龙秀林心头一沉。原来，龙先兰年幼丧父，母亲改嫁，唯一的妹妹也跟着走了。他以酒浇愁。哪儿醉了哪儿睡，吃了上顿没下顿。

这不，大年三十，家家都在忙过年，他又醉倒在路边。

龙秀林急忙抱起他，兄弟，你醒醒，醒醒，跟我回家！

他把龙先兰领回自己位于邻乡的家，妻子正忙年夜饭。腊肉，酸鱼，蒿草粑粑。

哎哟，这是谁呀？

这是我弟弟。

啊？以前没听你说啊！

哈哈，现在说也不晚呀，他来跟我们一起过年！

要得，我添双碗筷！

龙先兰愣住了。龙秀林说，先兰，咱们一笔写不出两个龙。从今往后，你就有家了。你是我弟弟，我爹妈就是你爹妈！说着，他把爹妈请出来：爹，妈，你们看，我弟弟俊不俊？两位老人一看儿子“捡”了个弟弟回来，笑得合不拢嘴，遂按苗家认亲礼，给他包了一个大红包。龙先兰再也忍不住了，泪如雨下。爹，妈，他大声哭喊着，老天不公，我一再失去亲人，我没有希望，我只有喝酒，我兜里永远没有钱！现在，我又有家了，又有爹妈了！往后，我要听你们的话，听秀林大哥的话，活出人样儿来！

打这以后，龙先兰扔掉了酒瓶。龙秀林逢人就说，先兰是我弟。当然，帮助龙先兰脱贫，成了他进村后百忙之外的又一忙。小伙子正当年，光打零工不行，要引导他干一番事业。龙秀林先帮他摆了个鱼摊，养鱼卖鱼，还叫妻子动员姐妹们都去买。可龙先兰天生不是买卖人，嘴笨，不久就收摊大吉。再干啥好呢？龙秀林拍着脑袋苦想。忽然，一只蜜蜂冲他一脸的汗飞来。他一躲闪，来了主意。哎，让龙先兰学养蜂行不？苗家自古就会养蜂，但都是散养，星星点点，成不了气候。如果龙先兰能办个蜂场，养成规模，采自大山的天然土蜂蜜还愁没有销路吗？到时候不怕他嘴笨，只怕供不应求！

龙秀林把想法一说，龙先兰拍手叫好，可接着又摊手为难，我跟谁学呀？再说也没本钱啊。龙秀林说，师傅早给你请好了。本钱你还愁吗？哥有一块饼，就有你一半！就这样，龙秀林自掏腰包，把龙先兰介绍给邻乡的养蜂专业户，并为他购置了蜂箱等物件。龙先兰嘴笨手不笨。出徒后，第一年养的四箱蜂就挣了五千多元！他高兴得手舞足蹈，首先想到的是把本钱还给龙秀林。龙秀林说，还啥？看你那破房子，风来透风，雨来漏雨，还不赶紧翻修了找媳妇，想打一辈子光棍吗？

到底是哥。话说龙先兰三十了，媳妇还不知在哪儿呢。十八洞村像他这样的光棍还有不少，成了扶贫工作队的心病。脱贫先要“脱单”，无家心不安。为此，工作队在村里举办了四届相亲大会。第一届举办时，龙秀林就把先兰拽去，跑前忙后给他当“媒婆”。

关键时候，龙先兰的嘴也不笨了，说我不会唱歌，也不会跳舞，但有一身好力气，哪个姑娘跟上我，我让她幸福一辈子！说完，就地十八个俯卧撑。脸不红，气不喘，一下子就被板栗村的姑娘吴满金看上了。

姑娘看上不行，爹妈不同意。

小吴主意正。不管爹妈同意不同意，自己跑到十八洞村。两个人一起打扫龙先兰的房子，光是垃圾就装了五口袋。

龙秀林听说后，选了个好日子，带上妻子，叫上村干部，一起来到板栗村为龙先兰提亲。他对两位老人说，先兰有家啊！我是他哥，这是他嫂子，这是村主任，这是村支书。我们都是先兰的亲人，也是你们的亲人。我们真心担保，先兰是个好后生，他现在不是酒鬼了，是个养蜂能手，姑娘跟他错不了，你们二老就放心吧！

小吴爹说，离了窝的小鸡要自己找食，受了欺负别后悔。

小吴妈说，孩子认准了，我们也不是不讲理的人。

龙秀林赶紧接上话，二老同意啦？

两位老人不说话。隔了一会儿，又点点头。

龙秀林小跑着回来向两个人报喜，说恭喜恭喜，好事成双啊！老人同意了，这是一喜，我刚得到消息，精准扶贫贷款下来了，每个贫困户五万元，这是又一喜。这下你们的蜂场可以开张了！

蜂场很快开张了！两个相爱的人从此开启了辛

勤而甜蜜的生活。在两个披星戴月的身影背后，180 个蜂箱如繁星飞落在百花丛中。

当小吴准备把收获的蜜带回家给爹妈品尝时，不留神被蜂在脸上蜇了一下。

爹一看到她的脸肿了，就吼起来，我就说他是酒鬼！妈心疼地掉了泪，闺女，这婚咱不结了！

哈哈哈，小吴笑弯了腰。你们快尝尝，这蜜甜不甜？

两位老人蒙住了。

很快，在唢呐和鞭炮齐鸣中，龙先兰和吴满金喜结良缘。他们的蜂场产出的蜂蜜也正式命名了。啥名？夫妻俩名字里各出一字——

金兰蜜！

（文章有删节，选自《人民日报》2020 年 5 月 6 日）

1929：党指挥枪铸军魂

★ 王雪

1929年6月14日，毛泽东分析了红四军党内斗争的历史、客观环境、来源及其表现，最后总结出，领导干部就党对军队领导的问题发生争论，焦点又是红四军内是否仍要设立军委。6月19日，红四军第三次打下福建龙岩城后，红四军党的第七次代表大会于当月下旬召开。在红四军担任前委书记的毛泽东提出，应当加强党对军队的领导和思想政治工作。但是这个提议却未被与会的多数人接受。会议把毛泽东提出的“集权制领导原则”视为“形成家长制度的倾向”，并给予毛泽东党内“严重警告”处分。

这次大会改选了红四军党的前敌委员会，毛泽东没有当选，陈毅被选为前委书记。会后，毛泽东离开了红四军到闽西协助指导地方工作，这是他第一次离开军队。7 月以后，毛泽东因疟疾病倒，转移到上杭、永定山区养病。毛泽东离开红四军之后，部队中党的工作和政治工作极度削弱，平均主义、极端民主化等错误思潮益发泛滥。朱德、陈毅等人对此深感忧虑，想着力整顿。

据萧克回忆："当时的士兵干部都有这样感觉，毛党代表在时，队伍多，工作好。想念毛泽东同志，希望他回到红四军，这是全军的普遍要求。"

1929 年 7 月，前委接到中央来信，要求"派一得力同志"到上海汇报红四军的情况，决定派陈毅前去上海。8 月 29 日，中共中央政治局开会专门听取了陈毅关于红四军情况的报告，接着又决定由周恩来、李立三和陈毅一起组成一个委员会，共同研究解决红四军中存在的问题及今后的行动方向。

9 月下旬，中共红四军"八大"召开，解决"七大"所没有解决的一些问题，统一全军思想。但是，会前没有做好充分准备，没有拿出一个成熟的意见，而是让大家自由讨论，结果七嘴八舌，争论不休，"无组织状况地开了 3 天"，对一切问题都"毫无结果"。这时，大家深感，因为毛泽东的离开，"政治上失掉了领导的中心"。

军事上的挫折随之而来。10 月 13 日，红四军前委收到中共中央指示：要红四军“全部立即开到东江去，帮助东江广大群众的斗争”。10 月 20 日，红四军兵分三路拥入广东东江地区，入粤第一仗即遭受沉重打击。随后红四军又冒进攻打梅县，“合计损失 1000 多人”。

军内越来越多的人希望将毛泽东请回来。在毛泽东的复职问题上，周恩来起了重要作用。担任中央军事部长的周恩来联系整个红军的建设经验，针对红四军的问题作了详细指示，并委托陈毅根据他谈话的内容和中央军事会议的精神，代中央起草一封给红四军前委的指示信。陈毅根据周恩来多次谈话的意见，以及自己对一些问题的理解，为中央起草了一封指示信，成为一个对红四军乃至全国红军建设具有重要指导意义的文件，史称《九月来信》。

《九月来信》在总结红四军经验的基础上，着重指出“先有农村红军，后有城市政权，这是中国革命的特征”，规定红军的根本任务有三项：“一、发动群众斗争，实行土地革命，建立苏维埃政权；二、实行游击战争，武装农民，并扩大本身组织；三、扩大游击区域及政治影响于全国。”强调“党的一切权力集中于前委指导机关这是正确的，绝对不能动摇”，但是“前委对日常行政事务不要去管理，应交由行政机关去办”，要求红四军维护朱德、毛泽东的领导，毛泽东“仍为前委书记”。

9 月 28 日，中央政治局讨论通过了这封信。10 月 22 日，陈毅从上海回来后，传达了中央指示精神。朱德表示完全赞同，欢迎毛泽东回前委工作。11 月 26 日，毛泽东遵照中央指示重新担任红四军前委书记。他还向朱德、陈毅等表示接受中共中央的《九月来信》，包括对他工作方式的批评。当时陈毅诚恳地作了自我批评，并介绍了他上海之行的情况。毛泽东也进而表达了歉意，这样就与陈毅、朱德消除了相互间的矛盾和隔阂。自此，红四军高级领导之间达到了思想上的统一。

1929 年 12 月 28 日至 29 日，红四军第九次党代表大会在上杭县古田的曙光小学隆重召开，出席这次大会的代表共 120 多人。根据中央指示，红四军第九次代表大会重新选举了红四军前委委员 1 人，候补委员 3 人，选举毛泽东任前委书记。陈毅在会上传达了中央指示信精神，毛泽东和朱德分别在会上作了政治报告和军事报告。代表们热烈讨论了中央指示信和会议的各种报告，认真地总结红军创建以来党在同各种错误思想、错误倾向作斗争的过程中积累起来的丰富经验，统一了思想认识，一致通过了《中国共产党红军第四军第九次代表大会决议案》，即“古田会议决议案”。

决议的核心精神是强调红军必须绝对服从党的领导，批评了单纯军事观点和极端民主化等错误倾向，明确规定了红军“是一个执行阶级的政治任务的武装集团”，而不是单纯的军事组织；确立了“党指挥枪，而不是枪指挥党”的无产阶级建军原则；确立了政治思想工作在人民军队建设中的重要地位和作用，规定了人民军队政治工作的原则和方法，从而为人民军队的建设指明了方向。古田会议结束后，红四军内立即开展了传达贯彻会议决议的活动，把决议作为党课教材，视为红军法规，要求全体干部和党员遵守。对决议的学习，在中国共产党的历史上成为一次群众性的整风运动。经过学习，干部、战士的思想觉悟显著提高，红军部队呈现出一片新气象。古田会议决议的精神不仅在红四军中贯彻实行，经过周恩来为首的中共中央军事部介绍，后来各地红军也都先后照此实行，从而使红军进一步肃清了旧军队的影响，奠定了人民军队建设的基础。

（文章有删节，选自《学习时报》2019 年 9 月 30 日）

由建军理念看“党指挥枪”

高炜　何荷

1948年末，伴随着辽沈战役最后的炮声，国共双方军队在辽西大平原上进行最后的较量。一夜之间，双方各部如两条长蛇缠斗在一起。面对同样的混乱，敌我双方的表现截然相反——国民党军指挥官廖耀湘愁得茶饭不思，而原本装备精良的国军部队在我火力下狼奔豕突；林彪则说“找不到谁都没关系，找到廖耀湘就行”，第四野战军各纵队化整为零，顽强地穿插、分割、包围敌人，最终将敌围而歼之，奏响了解放全中国的伟大序曲。

为何国民党军会在最紧要关头失去军纪的震慑，而我人民解放军却自觉自愿地以更高的标准执行纪律？为何从不回避政治且具备独立思想的军队能够更好地服从指挥？原因就在于，这支人民的军队与指挥他的政党秉承同样的革命理念，其觉悟与价值追求也与指挥他的政党高度一致，从而使他们不但拥有自己的思考，而且得到一致的答案。

纵观历史长河，无产阶级军队并非唯一向军队灌输政治理念和价值观的军队，人民解放军也并非中国唯一向军队灌输政治理念和价值观的军队。在欧洲，希特勒同样强调建立“党军”，纳粹党不但全方位向德国军队渗透，甚至组建起完全属于希特勒个人的“党卫军”；在近现代中国，孙中山、蒋介石等人也接受“党军”的概念，当共产党人尚在最初的军事实践中摸索时，国民党人已经率先建立了“党军”，而且率先将其政党的政治理念在军队中传播、在军队中发展党员、强调“党的领导”。然而，几年之后，希特勒的“党卫军”就到了即使动用强制手段也招不满员额的地步；国民党的“党军”更是要靠抓壮丁来勉强维持。相比之下，中国共产党领导的军队不但拥有“母亲送儿去参军，妻子送郎上战场”的豪壮，甚至能把俘虏兵改造成志同道合的战友，并肩消灭敌人。为何看似相同的统军之术却结出了不同之果？根本在于“全心全意为人民服务”的宗旨不同。

在我军英模榜上，大多数英模是士兵，军官的职务越高，获得荣誉越少，这与西方军队明文规定的某些高级荣誉只能由军官乃至高级将领获得的做法截然不同；

历数我军的战法创新，多数源自基层官兵的“非专业”“不教条”行为，这与西方军队强调“专业性”的思路又背道而驰。在一系列“匪夷所思”的现象背后，恰恰是这支军队的制胜秘诀——从内心深处尊重士兵，唤醒他们的革命觉悟，为他们打天下，也让他们去打天下，从而使这支军队凝聚起钢铁般的灵魂。这种灵魂，因为由全体官兵共同的价值观汇聚而坚强无比，又因其符合历史进步的规律而长在长新。这一建军之道长盛不衰的根本，在于共产党本身的先进性，如果没有政党本身的先进性作保障，就不可能有革命理论的先进性。这种先进性，决定了共产党的领导为人民军队铸魂的能力，也决定了“党指挥枪”是与党自身的建设紧密结合的。只有我们党永远坚持自身的建设，永远保持先进性，这种铸魂的能力才能得到延续和强化。唯有如此，“党指挥枪”才不致流于形式。

今天，面对新的战争形式和政治格局，我军正进行翻天覆地的变革。在国防和军队改革大潮中，是继续规避曾经存在的“技术含量低”“专业性弱”等问题，将“剑走偏锋”的传统发扬光大，还是借日渐强盛的国力提升军力，补充短板，突破瓶颈，回归世界军事力量发展的普遍道路，是我们必然面对的选择。以灵活性和主动性作为根本特点的理想型军队与以专业化和制度化作为根本特点的职业化军队，虽无法绝对统一，但可以相对兼容。如果能够科学地确定主次，兼取其优长，找到最为合理的平衡点，必将促进我军的新生，从胜利走向胜利。

（标题为编者所拟，原题《伟大的创举——由建军理念看“党指挥枪”》，文章有删节，选自《国防》2017 年第 7 期）

新古田会议：又一座里程碑

“战地黄花”再度盛开

1929年10月11日，重阳节。毛泽东在闽西上杭县临江楼登楼赏景，写下一首《采桑子》，词曰：“人生易老天难老，岁岁重阳。今又重阳，战地黄花分外香。”两个月后，在古田廖家祠堂，毛泽东领导召开著名的红四军党的第九次代表大会。这是一座思想建党、政治建军的里程碑。正如罗荣桓所说，从南昌起义到此时，“我军要建立一支什么样的军队，就定型了”。

2014年11月1日，重阳节。全军政治工作会议在古田召开。85年，时间久了，难免会有遗忘，曾经的鲜明原则可能变得模糊，曾经的鲜艳旗帜可能变得黯淡；改革开放、市场经济、互联时代，条件变了，环境优越了，难免会忘战懈怠、守旧守常，信仰缺失、精神迷茫，文恬武嬉、玩物丧志。当初是从哪里出发的，为什么出发；我们的基因是谁的基因，血管里流的是谁的血液；我们的传家宝是什么、在哪里，丢了没有……弯弯曲曲的道路从历史深处走来，走向未来，走向康庄，而要走得更远更稳，就必须寻根溯源、正本清源，让血脉永续、根基永固。

当年，毛泽东有一次以兄长身份怒打违反群众纪律的弟弟毛泽覃，毛泽覃情急之下反抗说："共产党又不是毛家祠堂！"是的，共产党、人民军队没有私家祠堂，但却有一个先进政党、一个伟大主义的精神"祠堂"。新古田会议，这是一次对革命先辈的纪念和宣誓，一次革命思想的洗礼和重塑。

基因所在　血脉所在

美国哈佛大学教授罗斯·特里尔在《毛泽东传》一书中这样评价："毛真正的创造性在于他把三样东西结合在一起：枪、农民武装和马克思主义。无论在哪一方面，毛都不能称为先驱者，但他是把三者结合在一起的第一个人。”

遵循“枪杆子里面出政权”的基本规律，运用马克思主义科学理论指导武装斗争，并对农民为主要成分的士兵进行政治训练，不断纠正各种错误思想，从而把来自山沟里的农民武装建设成一支新型的具有无产阶级性质的人民军队。这样的“三结合”，的确堪称第一。历史上没有，马克思、恩格斯和巴黎公社没有，列宁、苏联红军和十月革命也没有。

这是人民军队建军初期的困惑。从茅坪到永新，从大柏地到长汀，从湖雷到白砂，从龙岩到上杭，一路实践，一路探索，一路争论。直到古田会议，才实现了这一伟大的“三结合”。

毛泽东在古田会议前后一两年内，写过好几首词，似乎很喜欢用“红旗”二字。如：“红旗跃过汀江”“风卷红旗过大关”“风展红旗如画”“不周山下红旗乱”，等等。红旗，象征着光明，象征着我军的性质宗旨，象征着我们党对建设一支新型人民武装的价值追求。毛泽东在秋收起义前给中央写的信中就曾说，“国民党的旗子已经是黑旗”“只有共产党的旗子才是人民的旗子，才是红旗，应立刻坚决的树立红旗”。

共产党领导的军队，为人民而生而战的军队，执行革命的政治任务的军队，实行自觉的铁的纪律和民主主义的军队，不单纯打仗，还宣传群众、组织群众、武装群众、做群众工作，与人民同呼吸、共命运、心连心。这就是人民军队基因所在，血脉所在。无论时代条件、战争形态、编制体制、人员构成怎样变化，都不能有丝毫动摇，都必须永远写在红色军旗上，让它高高飘扬。

80 多年来，先辈们用鲜血和生命铸就一个个优良传统。这是一条链，一条前后衔接，把昨天、今天和明天联结起来的基因链；这是一首诗，一首吟唱着革命军人智慧和那不屈不挠、可歌可泣的永恒精神的恢弘史诗。我军优良传统，从历史的天空划过，又在现实的大地驻足。继承它，弘扬它，发展它，强军目标才有实现的希望。

确保血脉永续的前提

当我们面对着一部写满辉煌也写满坎坷的中国人民解放军军史掩卷沉思，探寻得失成败，回味酸甜苦辣，心中总会涌动起千般豪情，万种思绪。是什么使我军始终能够保持着坚定正确的政治方向，不管遇到怎样复杂的局势，总能坦然应对，任凭风狂雨暴，我自岿然不动？是什么使从大大小小上百次武装起义中，从分散游击的根据地斗争中，汇集、扩充、整合而成的人民军队，能够具有无比强大的凝聚力、向心力？是什么使我军具有大无畏的革命英雄主义精神，所向披靡，锐不可当，攻无不克，战无不胜？是什么铸就我军一代又一代革命军人的优秀品格，使我军英雄辈出、人才辈出，成为一所举世闻名的大学校，成为“对全民族有巨大的精神影响”的英雄集体？答案只有一个，这就是：从巍巍井冈到黄土高坡，从万里长征到千帆竞发，从卫国戍边到改革开放，在一长串光辉足迹中，贯穿着一条凝重而清晰的生命线——革命的政治工作。

生命线，事物生存发展最根本的因素，有之则存，无之则亡。从 1929 年古田会议为生命线奠基的那天起，从 1932 年我们党明确提出“政治工作不是附带的，而是红军的生命线”的那天起，这一论断就一直写在我军政治工作的一切主要文件之中，写在我军建设、发展和战斗的伟大实践中，成为全军将士的共识。诚如习主席所说：实行革命的政治工作，保证了我军始终是党的绝对领导下的革命军队，为我军战胜强大敌人和艰难险阻提供了不竭力量，使我军始终保持了人民军队的本色和作风。

自从古埃及诞生人类历史上第一支专门意义上的军队以来，世界上曾出现过不计其数的军队。五千年的人类文明史，在一定意义上就是一部军事史、战争史，一部各式各样的军队生生灭灭、起起落落的历史。一支军队，大凡初起之时，总有那么几分虎气，而一旦日久承平，猛虎就可能变成温驯懦弱的猫咪，变成任人宰割的羔羊。

（作者刘正斌，文章有删节，选自《光明日报》2014 年 11 月 19 日）

他们为什么选择中国共产党

★ 刘金田　毛胜

古往今来，人总会面临各种各样的选择，有时是新与旧，有时是贫与富，有时是生与死……在“问苍茫大地，谁主沉浮”的近代中国，各种政治力量纷纷登场，各种思想潮流竞相涌动。然而，无论是太平天国运动、洋务运动、义和团运动、戊戌维新，还是孙中山领导的辛亥革命，最终都宣告失败，未能改变中国的悲惨命运。要救亡图存，必须做出新的选择。

“十月革命一声炮响，给我们送来了马克思列宁主义。”俄国的胜利，让迷茫和彷徨中的中国先进分子看到了新的希望。他们找到了探索良久的答案：选择马克思主义为思想武器，选择走俄国式的革命道路。从 1920 年夏到 1921 年春，做出这个选择的陈独秀、李大钊、毛泽东等人，在上海、北京、湖南等地相继建立共产主义小组。

1921 年 7 月 23 日，这些有着共同选择的代表人物汇聚上海，完成了一件“开天辟地的大事”——建立中国共产党。当时，没有多少人会想到，这个仅有五十多人的党，会在血雨腥风中一路发展壮大，并团结带领中国人民在这片古老的土地上，书写了人类发展史上惊天地、泣鬼神的壮丽史诗。

这，同样是选择的结果。

不同的群体，不同的出身，不同的探索，不同的追求，注定了他们不同的理由，不同的诉求——

选择中国共产党，就是选择主义。思想是实践的先导。认同马克思主义，认同共产主义，是中国先进分子选择中国共产党的思想基础。对此，刘少奇的“马克思主义‘确实是真理，确能救中国’”，陈云的“共产主义是最好的主义”，董必武的“遵从马列无不胜”，蔡和森的“社会主义真为改造现世界对症之方”等深刻体会，无不印证了毛泽东的这句精辟论述：“主义譬如一面旗子，旗子立起了，大家才有所指望，才知所趋赴。”正是在马克思主义的旗帜下，人们纷纷选择中国共产党。

选择中国共产党，就是选择信仰。中国革命之路不是一帆风顺的。然而，任何艰险和坎坷，都动摇不了先进分子对马克思主义的信仰，也动摇不了他们对中国共产党的信任。在遭遇挫折之时，邓颖超“就是坚信失败是绝对不可能的”，李先念、徐特立等人恰是在白色恐怖中加入中国共产党。对于他们来说，选择加入中国共产党之时，早已将生死置之度外。为此，恽代英写下感人的诗句：“已摈忧患寻常事，留得豪情作楚囚。”

选择中国共产党，就是选择道路。为了救亡图存，为了复兴中华，中国先进分子在道路选择上进行了极其艰辛的探索。对此，任弼时的“我辈青年需要寻找的，是整个中华民族的出路”，瞿秋白的“为中国开辟一条‘光明的路’”，反映了一代中国人的心声。最后，无论是周恩来的“中国应该走社会主义的道路”，还是李达的“像俄国那样走革命的道路”，抑或是李汉俊的“只有直接向社会主义走去的一条路”，无不落实到相同的选择：在中国共产党的领导下，走俄国式的道路，走社会主义道路。

选择中国共产党，就是选择革命。在投身革命洪流的实践中，中国的先进分子不仅认识到“只有革命才有出路”，并把革命作为“终身的寄托”，而且逐渐认识到中国革命“必须更深入进行，必须像俄国革命那样彻底”，必须“彻底改变整个社会的政治制度”，从而选择在中国共产党领导下进行革命。对此，谭政简洁有力地说：“我要跟毛泽东干革命！”

选择中国共产党，就是选择希望。在近代中国政治舞台上，先后出现了几百个政党。但是，经过比较选择，包括同盟会老会员林伯渠、吴玉章在内的先进分子，最后都选择了中国共产党。对此，罗荣桓说“只有共产党能担当领导者”，叶挺说只有共产党“才能成功创造一个人民的革命运动”，赵世炎说“共产党就是战斗的党”……归结到一点，如刘伯承所言：“中国共产党是拯救中国的希望所在。”

选择中国共产党，就是选择理想。心系国家、情系群众的中国先进分子，不在乎一己的名和利，只在乎为群众谋利益。彭德怀“为穷人求活路”，何叔衡“要为国家民族做一番事业”，邓恩铭“最憎恨的是名和利”，彭湃“为了我们的子子孙孙争得幸福的生活”而成为背叛地主家庭的“农民运动大王”，莫不如此。这让他们对全心全意为人民服务的中国共产党，会做出自然而然的选择。对此，叶剑英有感而发：“只有共产党人真心实意地为工农大众谋福利。”

选择中国共产党，就是选择光明。在决定中国命运的时刻，宋庆龄、何香凝、张澜等爱国民主人士毅然放弃中间道路，走出黑暗的国民党统治区，走进明朗的解放区。对此，沈钧儒说：“我们必须跟着中共走，这是唯一正确的道路。”李济深更是真诚地表示：“愿在中共领导下，献其绵薄，贯彻始终。”在旧中国坚拒做官的黄炎培，也欣然加入中国共产党领导下的人民政府，他说：“我做的是人民的官啊!”

五湖四海的同志一个又一个选择了中国共产党，如百川汇海，这是一种理智，是一种趋势，是一种必然；中国共产党在吸纳五湖四海的同志中发展壮大，如海纳百川，这是一种胸襟，是一种气度，是一种包容。

他们选择了中国共产党，这告诉我们一个不可争辩的事实：中国共产党是历史和人民的选择；中国共产党吸纳了他们，这告诉我们一个毋庸置疑的道理：中国共产党是中国工人阶级的先锋队，同时是中国人民和中华民族的先锋队。

不同的群体，相同的选择；不同的缘由，相同的信念。这就是：在中国共产党的领导下，走社会主义道路，实现中华民族的伟大复兴。选择的背后，更是一个曾经山河破碎、几近亡国灭种的古老民族，扬眉吐气地甩掉了“东亚病夫”“劣等民族”的耻辱帽子，重新焕发出蓬勃生机，巍然屹立在世界的东方，并逐步走向更加光明灿烂的未来。

（文章有删节，选自《他们为什么选择中国共产党》，贵州人民出版社，2012 年 4 月）

让理想信念的明灯永远在心中闪亮

曲青山

共产党人以解放全人类为己任，坚定理想信念是其本质使然。习近平同志指出："坚定理想信念，坚守共产党人精神追求，始终是共产党人安身立命的根本。"他还强调："有了坚定的理想信念，站位就高了，眼界就宽了，心胸就开阔了，就能坚持正确政治方向，在胜利和顺境时不骄傲不急躁，在困难和逆境时不消沉不动摇，经受住各种风险和困难考验，自觉抵御各种腐朽思想的侵蚀，永葆共产党人政治本色。"

马克思主义是共产党人的老祖宗和灵魂，《共产党宣言》是马克思主义诞生的标志，它给共产党人提供了行动纲领。《共产党宣言》论述了无产阶级政党的性质、使命和自身要求，特别是强调了无产阶级只有解放全人类才能最后解放自己的重要思想。共产党是近代工业社会劳资对立的产物，它一诞生就向世人宣告：党没有自己的私利，它的利益是无产阶级的利益，是广大人民的利益。如果党有了自己的私利，它的任何奋斗都将失去意义。共产党是无产阶级、广大人民和整个民族利益的忠实代表。因此，共产党人要坚定理想信念，就要搞清楚、弄明白人类是从哪里来的、要到哪里去，历史是怎么走过来的、要怎样走下去，这些问题都是大本大源的问题。这些问题搞清楚了、解决好了，我们的党员、干部就能坚持党的最高纲领和远大理想不动摇，同时又能带领群众为实现现阶段的基本纲领而努力，立足本职做好工作。路是人一步步走出来的，共产主义远大理想的最终实现，要靠每个历史阶段中的每个人的当下努力和积累。正所谓“不积跬步，无以至千里；不积小流，无以成江海”。

在我们党的历史中，无数共产党人不惜流血牺牲，靠的就是坚定的理想信念。尽管他们知道，自己追求的理想并不会在自己手中实现，但他们坚信，一代又一代人为之持续努力，一代又一代人为此作出牺牲，崇高的理想就一定能实现。党的创始人之一李大钊为了传播马克思主义，在军阀的绞刑架下英勇就义。抗日英雄杨靖宇在冰天雪地的山林里与日寇激战数日，在只剩下一个人的情况下，仍然毫不畏惧，顽强抗击，最后壮烈殉国。当敌人剖开他的腹部，看到胃肠里是未能消化的枯草、树皮和棉絮时，无不震惊。毛泽东同志为革命牺牲6位亲人，徐海东同志的家族牺牲70多人，贺龙同志的宗亲中牺牲的有名有姓的烈士就有2050人。在革命战争年代，革命先烈在生死考验面前之所以视死如归，就是因为他们有坚定的理想信念。在和平建设时期和改革开放新时期涌现出的雷锋、王进喜、焦裕禄、钱学森、谷文昌、孔繁森、杨善洲、沈浩等一大批先进模范人物，他们之所以能够助人为乐、无私奉献、攻坚克难、勇挑重担，在平凡的岗位上作出不平凡的业绩，为党和人民的事业作出巨大贡献，也是因为他们有坚定的理想信念。

如果从反面典型和实例看，正像习近平同志所指出的那样，“事实一再表明，理想信念动摇是最危险的动摇，理想信念滑坡是最危险的滑坡”“形象地说，理想信念就是共产党人精神上的‘钙’，没有理想信念，理想信念不坚定，精神上就会‘缺钙’，就会得‘软骨病’”。革命战争年代，有的党员经不起“生与死”“血与火”的考验，叛党投敌，当了叛徒，当了怕死鬼。和平建设时期和改革开放新时期，也有一些党员和领导干部经不起执政、改革开放、市场经济、外部环境的考验，腐化堕落，变成腐败分子，走到党和人民的对立面。究其原因，也是他们忘了根、忘了本，忘记了初衷，动摇了理想信念。他们是“缺钙”的人、得了“软骨病”的人。当前，从我们党的干部队伍状况看，大多数干部理想信念是坚定的，政治上是可靠的。“同时，在我们的干部队伍中，也有的对共产主义心存怀疑，认为那是虚无缥缈、难以企及的幻想；有的不信马列信鬼神，从封建迷信中寻找精神寄托，热衷于算命看相、烧香拜佛，遇事‘问计于神’；有的是非观念淡薄、原则性不强、正义感退化，糊里糊涂当官，浑浑噩噩过日子；有的甚至向往西方社会制度和价值观念，对社会主义前途命运丧失信心；有的在涉及党的领导和中国特色社会主义道路等原则性问题的政治挑衅面前态度暧昧、消极躲避、不敢亮剑，甚至故意模糊立场、耍滑头，等等。”这些现象和问题，应引起我们全党的高度警醒和注意。

（文章有删节，选自《人民日报》2016 年 5 月 9 日）

坚定的信仰追随者

有一批坚定的信仰追随者，是中国共产党的幸运！

1935 年 9 月，红军打下榜罗镇，当时侦察连连长梁兴初、指导员曹德连，在邮局找到了一张《大公报》，上面登载着阎锡山的讲话："全陕北二十三县几无一县不赤化。现在共党力量已有不用武力即能扩大区域威势。"报纸还进一步披露：刘志丹的红二十六军控制了大块陕北苏区根据地，徐海东的红二十五军已北出终南山口，威逼西安。

毛泽东发现那张报纸的时候可以说是"柳暗花明又一村"，但是红军到了陕北之后，又是"山重水复疑无路"了。他还发现，红二十五军实际上已经把陕北完全掌控了。

红二十五军是从鄂豫皖苏区直接打到陕北的部队。从战斗序列上来说，红二十五军是红四方面军的部队，也就是在张国焘领导之下的部队。红二十五军的主要指挥者是徐海东。徐海东与毛泽东从未谋面，却是红四方面军的一员战将，而且是张国焘的老部下。

徐海东能不能服从中央红军的领导？张国焘当时已经另立中央了，徐海东到底是听中央的还是听张国焘的？

毛泽东心里打鼓了。他试探性地给徐海东写了一封信，向红二十五军借一千大洋。当然，一方面是中央红军确实需要帮助，另一方面更重要的则是试探。

徐海东接到毛泽东的信后，没有任何犹豫，立即把供给部部长找来，问他，我们还有多少钱。供给部部长说，我们大概还有五千多，将近六千大洋。徐海东说，那我们自留一千，另外五千大洋，不是借，而是给中央红军。同时复信说，红二十五军完全服从中央红军的领导。毛泽东等中央领导拿到五千大洋和徐海东的信后，一块石头落了地。

后来，毛泽东同志反复说，徐海东是对中国革命有大功的人。徐海东一生征战，九次负伤，其中六次重伤，但是他对于中国革命的最大贡献，是在关键时刻服从党的领导，坚决坚持党指挥枪，服从中央指挥。

这是我们党的奋斗史上最艰难曲折的一段。我们中国革命之所以能够胜利，不仅仅是因为有正确的主义、正确的路线、正确的方针和纲领，我们还有一大批像徐海东这样忠于主义、忠于信仰的战将。

陈赓是黄埔军校一期毕业的。当时有“黄埔三杰”之说，比较公认的说法是蒋先云、陈赓和贺衷寒。陈赓在黄埔毕业后一直受到蒋介石的赏识。蒋介石把陈赓这个连调为总司令部的警卫连，陈赓担任连长。

1925 年 10 月，第二次东征期间，有一次第三师和广东军阀林虎的队伍相遇，在华阳附近被围，情况危急。

兵败如山倒之时，蒋还站在那里大声叫喊，陈赓见状上去背起蒋就跑，背了三里多路，一直跑至河边上船摆渡过了河，方才脱险。蒋后来感慨道：“幸仗总理在天之灵，出奇制胜，转危为安。”话虽这么说，却也知道是陈赓实实在在救了他一命。

仗着这一层关系，如果陈赓待在国民党里，可谓“前程似锦”。但陈赓从内心看不起蒋介石。2005 年，一位退到台湾的国民党军人回到大陆，和陈赓的家里人说，陈赓当年看不起蒋，其实是缘于一件小事，他嫌蒋介石在作战指挥间隙还打开收音机听上海的股市，认为蒋不是一个真正的革命者。

陈赓离蒋而去时编了一个什么理由？就像我们惯常的理由一样，老母病重，需要照顾。陈赓就这样走了。他先去苏联学习，再回到上海时跟着周恩来的特科“红队”干。

1931 年，陈赓在鄂豫皖苏区作战，在第四次反“围剿”中身负重伤，鄂豫皖苏区没有办法治好他的伤，只好把他秘密转移到上海，正好赶上了顾顺章叛变。顾顺章把陈赓给指认了，蒋介石一听说把陈赓抓了，大喜过望，他想把他劝过来。

一天，蒋身边的人兴奋地跟陈赓说，校长要来看你。陈赓坚持不见。来人说，委员长已经走到门口了，你不见也得见。蒋介石进来后，陈赓在病房里抓起一张报纸挡住脸。

蒋明白了，陈赓不想见他。蒋只好离开，到了病房的走廊尽头还大喊，怎么就这样了呢，怎么就这样了呢！蒋介石一辈子杀共产党人无数，但他唯独放了陈赓。他知道，杀了陈赓，无法向历史交代。

就这样，陈赓因心中之共产主义信仰仍弃蒋而去。

中国近代以来，没有哪一个政治团体像中国共产党这样，拥有这么多的为胸中主义和心中理想抛头颅、洒热血、前赴后继、义无反顾、舍生忘死的有志之士。这批人，他们不为官、不为钱、不怕苦、不怕死，只为主义、只为信仰便可用一生去奋斗。

（标题为编者所拟，原题《党旗为什么这样红》，作者金一南，文章有删节，选自《党建》2017 年第 11 期）

赠昙华寺住持映空和尚诗文[1]

★ 朱德

余素喜泉林，厌尘嚣。清末叶，内讧未息，外患频来。生当其时，若尽袖手旁观，必蹈越南覆辙。不得已，奋身军界，共济时艰。初意扫除专制，恢复民权，即行告退。讵料国事日非，仔肩难卸，戎马连绵，转瞬十余年。庚申冬，班师回滇，改膺宪兵司令，维持补救，百端待理，虽未获解甲归田，较之枪林弹雨，血战沙场时，劳逸奚啻天渊。公余尝偕友游昙华寺，见夫花木亭亭，四时不谢，足以娱情养性。询皆映空大和尚手植，且募修庙宇，清幽古雅，实为煞费苦心。与之接谈，词严义正，一尘不染，诚法门所罕觏，爰为俚言，以志钦慕：

映空和尚，天真烂漫。豁然其度，超然其众。

世事浮云，形骸放浪。栽花种竹，除邪涤荡。与野鸟为朋，结孤云为伴。砌石作床眠，抄经月下看。身之荣辱兮茫茫，人之生死兮淡淡。寒依日兮暑依风，渴思饮兮饥思饭。不管国家存亡，焉知人间聚散。无人无我有相无相，时局如斯令人想向。

中华民国 壬戌年 孟春月 西蜀

朱德敬赠

（选自《云南读本》，云南人民出版社，2008 年 3 月）

注释：

[1] 民国十一年（1922），当时任民国省会警察厅厅长的朱德与几个知交来到昆明昙华寺游览，看到映空老和尚带着几个徒弟在烈日之下栽种花木。映空知道这是一位正直的官员，便请他到昙华寺的客堂小坐。二人越聊越投机，映空便提出请朱德留下一点宝墨，朱德当即应允，随后写了一张《敬赠映空大和尚》的题辞赠他。

童年的遭遇

★ 彭德怀

我是一八九八年（戊戌年）旧历九月初十日出生于一个下中农家庭。家有茅房数间，荒土山地八九亩。山地种棕、茶、杉和毛竹，荒土种红薯、棉花。伯祖父、祖母、父母亲并我兄弟四人，八口之家，勤劳节俭，勉强维持最低生活。

我六岁读私塾，读过《三字经》《论语》《大学》《幼学琼林》《孟子》，余读杂字——《百家姓》《增广》。八岁时母死、父病，家贫如洗，即废学。伯祖父八十开外，祖母年过七十，三个弟弟无人照管，四弟半岁，母死后不到一月即饿死。家中无以为生，先卖山林树木，后典押荒土，最后留下不到三分地。家中一切用具，床板门户，一概卖光。几间茅草房亦作抵押，留下两间栖身，晴天可遮太阳，下雨时室内外一样。铁锅漏水，用棉絮扎紧，才能烧水。衣着破烂不堪，严冬时节人着棉衣鞋袜，我们兄弟还是赤足草鞋，身披蓑衣，和原始人同。

我满十岁时，一切生计全断。正月初一，邻近富豪家喜炮连天，我家无粒米下锅，我带着二弟，第一次去当叫化子。讨到油麻滩陈姓教书老先生家，他问我们是否招财童子，我说是叫化子，我二弟（彭金华）即答是的，给了他半碗饭、一小片肉。我兄弟俩至黄昏才回家，还没有讨到两升米，我已饿昏了，进门就倒在地下。我二弟说，哥哥今天一点东西都没有吃。祖母煮了一点青菜汤给我喝了。

正月初一日算过去了，初二日又怎样办呢！祖母说："我们四个人都出去讨米。"我立在门限上，我不愿去，讨米受人欺侮。祖母说："不去怎样办！昨天我要去，你又不同意，今天你又不去，一家人就活活饿死吗?!"寒风凛冽，雪花横飘，她，年过七十的老太婆，白发苍苍，一双小脚，带着两个孙孙（我三弟还不到四岁），拄着棒子，一步一扭地走出去。我看了，真如利刀刺心那样难过。

他们走远了，我拿着柴刀上山去砍柴，卖了十文钱，兑了一小包盐。砍柴时发现枯树蔸上一大堆寒菌，拣回来煮了一锅，我和父亲、伯祖父先吃了一些。祖母他们黄昏才回来，讨了一袋饭，还有三升米。祖母把饭倒在菌汤内，叫伯祖、父亲和我吃。我不肯吃，祖母哭了，说："讨回来的饭，你又不吃，有吃大家活，没有吃的就死在一起吧！"

每一回忆至此，我就流泪，就伤心，今天还是这样。不写了！

在我的生活中，这样的伤心遭遇，何止几百次！

以后，我就砍柴，捉鱼，挑煤卖，不再讨米了。严冬寒风刺骨，无衣着和鞋袜，脚穿草鞋，身着破旧和蓑衣，日难半饱，饥寒交迫，就是当时生活的写真。

（标题为编者所拟，选自《彭德怀自述》，人民出版社，1981年12月）

江南抗战之春

★ 陈毅

可诅咒的雨天

一九三八年六月，我们部队初到江南，正是霉雨的时候。春天业已过去，战士们淋着雨在泥泞的道路上挣扎，尤其艰苦的，是夜间行军，挺进敌后，在日军碉堡林立、封锁严密的京沪线上穿插，急袭敌人汽车、仓库、列车和空虚城市。同志们在紧张的战斗生活中，不得不忍受在泥泞地上奔走的困苦，几乎每个人都在嗟怨诅咒，诅咒这阴雨连绵的天气。

尽管，这雨季是令人诅咒的，但它也在我们的记忆中留下不少趣事。

有一次在行军中，我看到同志们前仆后继的情景。第一个人提醒他的同伴说："仔细点！"不期立即他就滑倒在地上；后面的人一齐笑着，开心地喊道："再来一个！"这话未完，另一个人又扑通跌在水里；第三个正笑别人，同时他自己又继续着滑倒地下；后面的正嘲笑前面的说："你们坐汽车太快了！"但接着又是一个、两个跌下去，部队行列中跌得儿戏似的。指导员发出警告："行军要肃静！不要笑，大家小心，再玩笑，会跌断你们的腿。"连长怕同志们丧气，指着天边的远影说："快到宿营地了，还有五里路！"指导员的话使行列暂时沉默下来。不久，"我在南方山区打游击的时候，真比待在这儿强！"有人又这样抱怨了。"唉！这就是雨中的江南。"我骑在马上也这样叹一声气，不期忘记了抓牢缰绳，一松手，马前足一滑，连人带马滚在塘里。幸而塘水不深，我被别人拖起，变成了一个落水鸡！

到了宿营地，每一个同志都成了泥菩萨，烧几大堆火来烘衣服。服务团团员抱怨他的日记本和书籍被水打湿，字迹模糊，不能挽救；战斗员急急忙忙擦拭他的武器。我自己的一担书籍也给雨水浸透，达到了饱和状态。我知道整理无益，也就让它摆在一边。我躺在一块门板上，被水淹过的屋里散发着潮湿霉烂的臭味，我心里又是一声抱怨："这雨中的江南！"仿佛自己受了骗。因为历史上中国文人笔下的江南是多么风光明媚，同我眼见的完全两样啊！

可注意的是：许多同志只有一件衣服，没有替换的，赤身裸体等着烘干衣服，不但没有抱怨，大家还热烈嬉笑地重话着今天冒雨行军前后滑跌的故事。我心里想着：这就是我们祖国的儿女们，在为祖国奋斗时所表现的乐观的精神！

战斗的春天

然而今天却不同了，不到一个整年，我便亲眼看见江南的春景。

从旧历二月起，江南很快脱去了冬日的萧索景象，换上艳丽的春装。菜黄、麦秀、柳青、桃红、墙白，到处组成一幅色彩鲜明的图画。远山似在雾中飘浮着，每一人家常常是流水萦回和垂柳环绕，当面又是一块明镜似的池塘，这仿佛是经过人工安排的花园；尤其在湖泊地区，月光之下湖水盈盈，景物更为秀丽。就连我们部队同志过去认为毫无战术价值的茅山，现在也富有生气了。

原来我们部队是在南方各省的山区成长起来

的，惯于山地作战。当我们向江南平原挺进时，指望茅山山脉作为我们建立抗日游击根据地的依托。我们想象中的茅山，应该是“崇山峻岭，茂林修竹”。哪知道去年真到了茅山时，才看见茅山不仅山上无树、无花，连茅草也不多不厚；既藏不下单人独马，当然也隐蔽不了较大的部队，这使我们大为失望。不料经过半年多的工作，我们熟悉了茅山的地形和民情，茅山的茅草不仅多而且很厚，多数的山窝曲折处，远不能见，近看才大有深奥可资利用。埋藏几支不大的游击队作为转移的依托是完全可能的。这样，今年的茅山便在我们抗日部队的心目中，增加了美丽和价值。

我幼年在成都受中小学教育，我对成都盆地的风景，很熟悉。拿它来比江南，两地差不多，江南麦季碧绿如油的风景，恐在川西还见不到。哈哈，我真幸运，亲眼看见了秀丽的江南。江南人听见我说这话，就说：“你还没有到过苏州、无锡啊！那一带才是真正的江南！”这样的话，又引导我转而展望太湖沿岸。是的，我们部队的先遣队已经挺进到太湖东岸与当地人民游击队结合起来了，我是部队指挥员，我应该亲自到那一带去看一看，看看那新扩大的游击区和美丽的江南风光！

在一天傍晚散步的时候，我跟同伴们跑上一个高高的浅山。大家向远处瞭望，指认云树：那是茅山，那是乾元观，再过去就是宝华山脉，山脉的西头就是有名的龙潭。再往东南方面看，便是太湖沿岸，那边是长荡湖，那边是宜兴山区，正东就是苏州、无锡，往北过铁道就是长江到江北的线路。夕阳的红光平铺地照着金黄色的油菜花，河堤上边的杨柳，成线式地向远处延伸。河内的舟船，远看上去，那张挂着的风帆，慢慢地移动着，笔直地擦过树梢。还有点缀在这些场子里的最生动的景象，是十几个儿童骑着牛，兴高采烈地向疏落的农舍加鞭。同伴中有一人突然高叫："好一幅阳春烟景！"

我立即加一句："这儿却多了一个东西！"

"多了个什么东西？"同伴问。

"你们猜一猜。"

"多了露天的茅厕？"

"不是！"

"多了炕山芋？"

"更不是。"

"那猜不着，得你自己说明。"

"美丽的江南，多了一个日本鬼子啊！"

大家都笑了："说得不错，必须把日本帝国主义赶出去！我们应趁着春天的好天气，多进行一些战斗！"这是大家散步时的共同意见。

这时，我记起一个同志写给我的信，信中说：“我爱这战斗的春天，我爱这春天的战斗！”这句话很好，我们确实在与日本军队顽强地战斗着，当着这美好的春天！

（文章有删节，选自《星火燎原》（第5集），解放军出版社，1997年1月）

图书在版编目（CIP）数据

读有所得．学史增信专辑 /《读有所得》编辑部编
．-- 长沙：湖南文艺出版社，2021.8（2022.5 重印）
ISBN 978-7-5726-0311-2

Ⅰ．①读… Ⅱ．①读… Ⅲ．①中国共产党－党史－学习参考资料 Ⅳ．①D23

中国版本图书馆 CIP 数据核字（2021）第 149936 号

读有所得·学史增信专辑
DU YOU SUO DE · XUESHI ZENGXIN ZHUANJI
中共湖南省委宣传部指导
《读有所得》编辑部编

出 版 人：曾赛丰
监　　制：曾昭来
责任编辑：匡杨乐　李涓　谢朗宁
编　　选：吴金
责任校对：黄晓　胡伟英
装帧设计：泽信策划设计
封面供图：视觉中国

湖南文艺出版社出版、发行
（湖南省长沙市雨花区东二环一段 508 号　邮编：410014）
网址：www.hnwy.net
湖南省新华书店经销　三河市人民印务有限公司

2021 年 8 月第 1 版　2022 年 5 月第 7 次印刷
开本：787 mm × 1092 mm　1/32
印张：4
字数：74 千字
书号：ISBN 978-7-5726-0311-2
定价：15.00 元

《读有所得》编辑部
联系电话　0731-85983069　官方邮箱　duyousuode@sina.com
官方微博　https：//weibo.com/duyousuode

本社邮购电话：0731-85983015
如有印装质量问题，请直接与本社出版科联系调换